BIBLIOTHÈQUE SAINT-GERMAIN
LECTURES MORALES ET LITTÉRAIRES

LES BALANCES

DU

BON DIEU

PAR L'AUTEUR DES SOIRÉES DU PÈRE LAURENT

PARIS
LIBRAIRE SAINT-GERMAIN-DES-PRÉS
PUTOIS-CRETTÉ, ÉDITEUR
39, RUE BONAPARTE, 39

1863

LES BALANCES DU BON DIEU.

NEVERS , TYP. DE P. BÉGAT.

LES
BALANCES DU BON DIEU

PAR

Mme MARIE-ANGÉLIQUE***,

AUTEUR DES

Soirées du *P. Laurent*, de la *Marguerite de San-Miniato*,
et de *La Branche de Rumex*.

PARIS,

PUTOIS-CRETTÉ, ÉDITEUR,
59, rue Bonaparte, 59.

NEVERS,

P. BÉGAT, IMP.-ÉDITEUR.
1862.

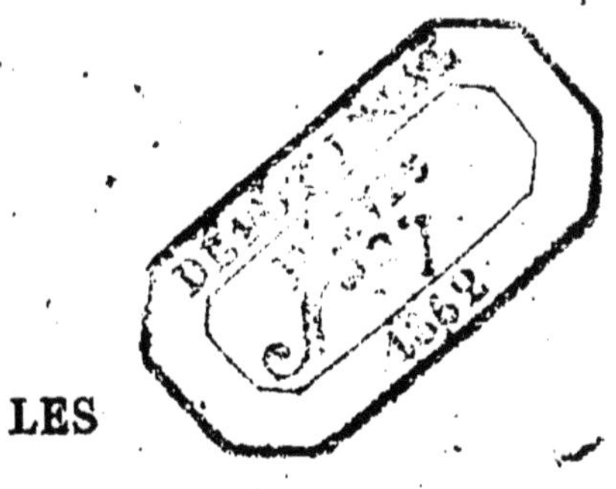

« Un bon livre n'est pas celui qui persuade tout
» le monde, autrement il n'y aurait plus de bon
» livre ; mais bien plutôt celui qui satisfait complè-
» tement une certaine classe de lecteurs à qui l'ou-
» vrage s'adresse particulièrement et qui, du reste,
» ne laisse douter personne ni de la bonne foi par-
» faite de l'auteur, ni de l'infatigable travail qu'il
» s'est imposé pour se rendre maître de son sujet
» et lui trouver même, s'il est possible, quelques
» faces nouvelles. » (JOSEPH DE MAISTRE).

LES
BALANCES DU BON DIEU.

—

CHAPITRE Ier..

BÉNÉDICTE.

—

Nos artes sont de chair et d'os, ils
se perpétuent. (L. VEUILLOT.)

 ù suis-je?

— Vous êtes chez la marquise de
Bertray, dit une élégante soubrette, en
ouvrant le battant capitonné d'une porte de velours
vert devant un jeune commissionnaire de librairie.

— Chez la marquise de Bertray! Oh, oh! ce
n'est pas elle que je viens chercher aujourd'hui....
permettez que je reprenne ce livre, mademoiselle.

Évidemment ce n'est pas à ce nom-là que j'ai
affaire.

— Cependant, monsieur, je vous reconnais à merveille, c'est vous qui m'avez apporté dernièrement
Les Misérables de Victor Hugo.

— Oui, mademoiselle, je me le rappelle.

1

— Reprenez ce livre, monsieur; vous avez raison, rien qu'en l'examinant, je vois très-bien qu'il n'est pas pour nous.

— Bah! pourquoi donc?

— Madame la marquise ne lit que des romans.

— Et qui vous dit que ce livre n'en n'est pas un?

— Le titre parle assez haut; regardez, monsieur.

— Effectivement, vous avez le coup d'œil juste, je n'avais nullement remarqué qu'il s'annonçât solennellement. Voyons, mademoiselle, tirez-moi d'embarras, il est évident que je fais erreur d'étage; ayez la bonté de me nommer vos locataires.

— Nous avons, au second étage, mesdames de Grival, les cousines germaines de madame la marquise. Ce livre doit être pour la chanoinesse, une sainte parfumée de vertus comme cet ouvrage doit l'être de morale.

Le commissionnaire sourit.

— Il était question en effet de parfums dans le nom qui m'a été désigné, dit-il, cependant je ne reconnais pas celui-ci.

— Que ne disiez-vous cela plutôt? Au troisième, la porte à gauche, vous verrez écrit sur une carte : *Christophe Laroze*, avocat.

— C'est cela même, *Laroze*, comment ai-je pu l'oublier..... mademoiselle, je vous rends grâces.

— La porte à gauche, rappelez-vous..... Ah ! mais non, attendez encore, j'entends mademoiselle Laroze qui descend ici, vous lui remettrez votre livre sans vous essouffler à monter.

— Ce n'est peut-être guère poli?

— Allons donc, murmura la camériste d'un ton dédaigneux ; des gens ruinés ! généralement on ne les gâte pas par la politesse.

Le commissionnaire allait répondre, quand le léger frôlement d'une robe de soie lui fit retourner la tête , il vit une femme jeune et distinguée qui s'approchait de plus en plus.

— Un livre certainement pour vous, mademoiselle Bénédicte, dit la soubrette en donnant à sa voix une intonation plus criarde; il s'appelle : *Les balances du bon Dieu.* Voilà certes un singulier titre.

— Il est pour moi, répondit doucement la personne interpellée.

— Mademoiselle veut donc apprendre à mesurer son propre poids, reprit avec une impertinente familiarité la femme de chambre?

— Nous en avons tous besoin, Esther , nos paroles elles-mêmes se prononceraient moins vite si nous savions au juste quelle est leur portée.

Le jeune commissionnaire, entendant cette réponse, se retourna sur l'escalier qu'il descendait et jeta un regard goguenard à la soubrette désappointée; puis il salua et partit.

Esther se mordit les lèvres tandis que mademoiselle Laroze, que nous appellerons désormais Bénédicte comme une ancienne connaissance, disait :

— Ma tante est-elle visible?

— Madame la marquise a réclamé plusieurs fois mademoiselle, répliqua brusquement la femme de chambre en ouvrant les portes qui précédaient l'appartement de sa maîtresse. Mademoiselle Laroze! cria-t-elle d'un ton de mauvaise humeur à la vieille marquise assise au coin de la cheminée dans un grand fauteuil; madame n'a besoin de rien?

— Non, rien, reprit en se redressant la marquise. Ah! Bénédicte, arrivez donc, mon enfant, j'ai à vous parler. Fermez les portes, Esther.

Esther comprit qu'on la congédiait, elle disparut, mais avant de fermer, elle jeta sur mademoiselle Laroze un dernier regard hostile et murmura : Elles sont jolies vos balances, belle dédaigneuse.

— Bénédicte, reprit gravement la marquise en frappant sur sa tabatière en écaille de petits coups réguliers, j'ai de grandes choses à vous communiquer, un projet qui peut changer votre avenir....

Elle prit une prise de tabac, fit osciller du revers de sa main effilée la pointe de son nez aquilin, essuya lentement avec son mouchoir de batiste les rubans de son bonnet noué sous le menton, puis arrêtant ses yeux vifs et perçants sur sa nièce et la considérant avec un sourire satisfait, elle dit :

— Vous êtes patiente, Bénédicte ; précieuse qualité pour une femme, qualité que j'ai souvent regretté de ne pouvoir posséder ; mais enfin on ne peut tout avoir. Dans ma jeunesse, j'ai été assez heureusement douée, tout me souriait : j'étais belle, riche, point sotte et assez bonne.

Bénédicte sourit imperceptiblement.

— Vous ne le croyez pas, peut-être, demandez à mes contemporains, interrogez-les...

— Je n'en doute nullement, ma tante ; je le sais depuis longtemps au contraire.

— Ah ! vous avez peur d'y revenir ; passons donc, ne songeons pas à ce que j'ai été, mais à ce que vous êtes.

Ma chère Bénédicte, vous n'avez pas de fortune, vous avez été jolie, ce qui était précieux pour une fille sans dot... On peut même, continua-t-elle en regardant attentivement sa nièce, dire que vous possédez encore un certain charme, une distinction qui chasse de race. Vous avez eu le bon esprit de ressembler à votre mère ; mais tout cela ne suffit plus à l'âge terrible qui va sonner bientôt, Bénédicte ; déjà les couleurs de la jeunesse s'effacent, la maigreur, que l'isolement et l'ennui amènent à leur suite, s'installe en souveraine.

Bénédicte fit un mouvement de surprise.

— A quoi bon ce tableau de vous-même, pensez-vous? A vous faire apprécier celui que je vais mettre en regard, ma chère amie; j'ai un moyen de tout effacer.

— Les années et les peines, ma tante, dit Bénédicte avec un triste sourire.

— Qui sait !

— Vous avez un philtre merveilleux ?

— Merveilleux, qui déblaie des ruines, qui suspend la chute des cheveux, qui pare, qui embellit une femme.

— Et vous l'appelez ?...

— Le bonheur; retrouvez du bonheur, vous retrouverez votre embonpoint, votre fraîcheur, votre joyeux sourire.

— Quel travail il aurait à faire, ma tante, tout est ruine autour de moi.

— Cela doit être, la ruine est entrée chez votre mère le jour où elle a fatalement oublié son nom et ses croyances pour épouser le fils d'un révolutionnaire et d'un protestant.

— Ma tante ! s'écria mademoiselle Laroze, n'abordons plus ce sujet.

— Il le faut, répondit sévèrement la marquise, il existe évidemment une transmission fatale dans la part faite aux héritiers du crime ou même de l'erreur; Dieu les punit en permettant encore, lorsqu'ils ont disparu de ce monde, qu'ils voient la traînée brûlante que leurs pas ont laissée. Votre mère a partagé la vie d'un homme qu'elle devait mépriser.

— Ma tante, s'écria vivement Bénédicte, pas un mot sur mon père.

— Il faut cependant que nous en parlions aujourd'hui, car si je veux exiger de vous une réhabilitation du passé, je dois aborder sans ménagements la vérité.

— Rien ne peut rendre nécessaire d'accuser celui auquel je dois respect et pitié, dit Bénédicte; mon père peut être la victime d'une triste éducation politique et religieuse, mais actuellement il est malheureux, menacé d'une affreuse infirmité, abandonné des parents de sa femme, rejeté du monde....

— Dont il s'est séparé, mon enfant, dont il s'est séparé; nous ne l'avons pas repoussé, quoiqu'il y eût évidemment disproportion de position sociale; mais nous avons repoussé ses doctrines, combattu son ambition et tenté de le convertir à nos principes. Pour résultat, nous avons sa haine; il nous hait parce qu'il reconnaît que nous sommes plus purs que lui, plus incorruptibles, et qu'au milieu des fleurs d'élite qui naissent sur la terre, il en est, quoiqu'en disent les gens de son parti, qui résisteront toujours à tous les frimas.

— Hélas! dit doucement Bénédicte, si vous le lui prouviez sans aigreur, ma tante; mais vous avez l'air si menaçant quand vous attaquez ses sentiments.

— Appelle-t-on sentiments des utopies philosophiques ? Non certes, votre père n'est rien moins qu'un homme ayant des *sentiments* ; vous le savez, pauvre fille qui avez tant souffert de sa rudesse et de son despotisme ; mais, quant à employer des moyens doux pour le convaincre, folie ! Ces hommes qui créent une ligne de démarcation si funeste entre le monde civil et le monde religieux, sont intraitables.

Le mal ne peut produire que le mal. C'est Saturne qui dévore ses enfants.

— Oh ! mon Dieu, murmura mademoiselle Laroze en cachant sa tête dans ses mains, que vous êtes sévère, ma tante ! Mon père est intelligent, courageux.

— Votre père a hérité de convictions pernicieuses ; est né sous un rude climat, il souffrira tant qu'il ne partagera pas le nôtre.

Deux larmes coulèrent sur les joues de Bénédicte ; sa tante les vit et adoucit le ton amer de son langage précédent.

— Pourquoi vous affliger, Bénédicte ? Si, d'après mon raisonnement, la bonne sève persiste malgré tout, à plus forte raison la fleur sauvage se purifiera-t-elle à son doux contact ; vous avez hérité de la noblesse, de la douceur, de la fermeté de votre mère Bénédicte, achevez l'œuvre qu'elle a commencée, sauvez votre père du précipice.

Bénédicte se leva, fit quelques pas dans la

chambre avec animation; ses joues pâles se tein-
tèrent de nuances plus chaudes, ses yeux devinrent
brillants, elle appuya sur le dossier d'une chaise sa
main tremblante et dit d'une voix sourde, émue :

— Moi, moi, je puis le sauver!...

— Qui donc le sauverait, si ce n'est vous ? N'a-
vez-vous pas cette pénétration délicate qui enseigne
à la femme le chemin qu'elle doit suivre pour atteindre son but le plus cher? N'êtes-vous pas d'ailleurs bien sûre depuis longtemps de ce pouvoir
fascinateur que vous exercez, je ne sais comment,
sur ceux qui vous approchent.... On vous aime et
on vous obéit.... peut-être même, sans savoir pourquoi; vous n'avez aucune supériorité que je sache ;
mais enfin, c'est ainsi et l'on pourrait compter......

— Je le sauverai... je puis le sauver, répétait
Bénédicte sans écouter sa tante.

— Oui, je l'affirme, si vous voulez suivre mon
conseil, dit la marquise en reprenant sa tabatière
et tout en aspirant une seconde et large prise. Elle
resta pensive en regardant sa nièce.

Une glace placée en face d'elles les reflétait
l'une et l'autre.

La marquise, assise sur une causeuse à l'angle
de la cheminée, était une femme dont on pouvait
difficilement déterminer le grand âge, tant il y
avait encore de vivacité, de malice et de noble
fierté dans son regard, dans son sourire, dans
toute son attitude ; elle avait une mise soignée, la

voix ferme d'une femme habituée à diriger, et le profil hautain qui résulte ordinairement de lignes tout à la fois régulières et accentuées.

Sa nièce, malgré l'arrangement plein de goût de ses cheveux châtains, malgré la forme gracieuse de sa robe de soie noire, avait un ensemble qui décélait l'oubli total d'elle-même et la sérénité d'une âme recueillie; elle n'était pas belle, elle était cependant de ces êtres dont on s'éloigne difficilement après les avoir. contemplés. Ses traits fins semblaient en ce moment illuminés, dilatés par une expression étrangère, sa physionomie généralement triste exprimait une joie qui l'embellissait; ses lèvres frémissaient comme si elle allait parler, et cependant malgré toute l'énergie des stimulants intérieurs dont l'image se traduisait extérieurement, elle ne put que prononcer :

— Redites-le, redites-le encore, ma tante, je pourrai le sauver !...

CHAPITRE II.

DEVENEZ BARONNE DE CERVANNES.

Ma nièce, reprit au bout de quelques instants la marquise, mon philtre merveilleux agit déjà, vous rajeunissez, jetez un coup d'œil sur cette glace : vos joues sont colorées, vos lèvres vermeilles. Ah ! si le baron de Cervannes en ce moment vous voyait !

— Que fait ici le baron de Cervannes, répartit avec dédain mademoiselle Laroze?

— Le baron de Cervannes peut vous aider à sauver votre père, veut vous aider à le sauver en le réconciliant avec la noblesse, il vous offre de devenir baronne de Cervannes.

— Y songez-vous, ma tante?

— Parfaitement et depuis longtemps, il y avait de grandes difficultés, le baron sait que sa position sociale impose une servitude dont il n'a pas le droit de s'affranchir....

— Pour épouser mademoiselle Laroze, ache Bénédicte.

— Non pas , mademoiselle Laroze est ma nièce ; au point de vue de l'alliance , le sacrifice n'est pas complet , mais enfin il s'impose de grandes charges. Votre père...

— Habiterait chez lui !... demanda vivement Bénédicte. Sans cela jamais...

— Hum ! dit la marquise, en frappant encore sa tabatière. Cette question se jugerait plus tard quand les esprits de part et d'autre se seraient adoucis ; en attendant, votre père serait mis à l'abri de toute vicissitude, et comme on ne peut vivre dans les régions impalpables du roman, qu'il faut nourrir le corps tout en éclairant l'âme, dans son intérêt, quand même vous devriez le quitter quelque temps, acceptez, Bénédicte, redevenez ce que vous deviez être, une femme noble, riche, aimable, aimée.

— Noble ! s'écria mademoiselle Laroze, noble ! et qui me donnerait cette noblesse que vous appelez l'expression de la toute-puissance spirituelle ! Est-ce vraiment le baron qui n'a ni assez de conscience pour dédaigner ce qui l'asservit, ni assez de croyances pour défier les ouragans ? Certes, quelles que soient leurs races, ces hommes superficiels et vaniteux qui mentent à leur passé, ne préparent pas l'avenir. Une semblable alliance ne saurait influer sur mon père d'une manière efficace, elle le froisserait plutôt, surtout hélas ! si javais l'indignité de l'abandonner.

— Enfantillage ! Votre père sera flatté de vous savoir heureuse, et le marquis de Bertray, dans son langage de marin, affirmait que la femme qui veut convaincre est comme la mer déferlant chaque jour sur les navires, elle finit par briser les obstacles. Plus tard donc, vous les rapprocheriez.

A peine la marquise achevait-elle ces paroles, un domestique vint annoncer le baron de Cervannes.

Il avançait lentement ; mademoiselle Laroze jugea, d'après la lenteur de cette démarche, qu'elle avait le temps de fuir sans être vue.

Elle disparut par une porte secrète sans dire adieu à sa tante, elle oublia même le volume des *Balances du bon Dieu* qu'elle venait de poser sur la cheminée.

LE BARON.

oilà comment vous êtes, baron, vous arrivez toujours trop tard.

— Trop tard, madame !

Le baron, tout en saluant la marquise, mit sa main devant ses yeux comme si les timides rayons du soleil qui perçaient à travers les rideaux pouvaient l'éblouir.

— Trop tard, répéta-t-il, ai-je fait fuir quelqu'un ? J'ai cru voir briller l'aile de soie d'une....

— Le pan d'une robe, dit avec impatience la marquise. Laissons de côté le langage emphatique et venons au fait : Bénédicte était là.

— Ah ! s'écria le baron en rajustant les pointes de son col, pourrai-je sans indiscrétion demander...

— Que voulez-vous savoir, que pouvez-vous savoir ? Avez-vous positivement formulé vos conditions ? Non, ainsi comment demander une réponse ?

— Permettez, madame, quelle condition ai-je à faire sinon dire que votre nièce viendra habiter chez moi immédiatement après la bénédiction nuptiale. Quant aux avantages pécuniaires, j'ai eu l'honneur de vous annoncer que j'assurais toute ma fortune par contrat de mariage. La part est large, vous l'avez dit vous-même. Le reste est indiscutable.

— Vous vous trompez, baron, le reste est discuté.

— Comment, madame, et par qui ?

— Par ma nièce elle-même. Bénédicte ne se séparera pas de son père, et n'ira chez vous qu'autant que Christophe Laroze....

Le baron fit un bond et se retrouva sur ses deux petites jambes.

— Marquise, y songez-vous, Laroze chez moi... Mais Laroze est le fils....

— De son père, poursuivit la marquise avec aigreur. Ma sœur l'a épousée malgré ce père, vous pouvez épouser aussi bien Bénédicte malgré lui, c'est une question *to be or not to be*. Ma nièce ne vaut-elle pas la peine de faire une folie d'ailleurs ! et le monde pourrait-il vous blâmer d'accepter Christophe, pour décider une femme distinguée, gracieuse, angéliquement douée sous tous les rapports, à devenir votre compagne et la reine de votre petit gouvernement ?

— Elle le deviendra sans que je passe par une condition semblable, madame ; remarquez ou plutôt faites remarquer à mademoiselle votre nièce qu'elle entourera son père de nombreux serviteurs, de confortable. Ma bourse s'ouvrira entièrement devant chaque exigence ; je ne puis aller plus loin et mademoiselle Bénédicte est une personne trop sensée, trop dévouée aux véritables intérêts de sa famille, et de son père même, pour refuser.

— Elle refusera cependant, elle a déjà dit quelques mots qui me laissent peu de doutes à cet égard.

— Allons donc !

— C'est comme je vous le dis, elle s'embarque sur un terrain artificiel où tout doit croître par enchantement. Elle prévoit pour l'autre vie un héritage céleste d'autant plus vaste qu'elle aura entouré icibas son père de respects plus profonds.

— Très-bien, ceci ne peut empêcher le mariage.

— Ceci empêche tout, vous ne pouvez lutter avec la conscience et les affections filiales d'une fille pieuse ; votre hôtel, vos châteaux sont de vraies fleurs sauvages en présence de celles qu'elle veut recueillir dans l'éternité.

— Et vous approuvez cela, madame !

— Je ne dis pas que j'approuve complètement ; mais cependant aujourd'hui que son père est menacé de devenir aveugle, je comprends qu'elle ne veuille pas l'abandonner et je vous trouve barbare de l'exiger.

Le baron pinça ses lèvres, les avança, les recula

successivement en avant , en arrière, comme un homme impatienté, et ne répondit rien.

La marquise s'enfonça dans son fauteuil , étendit ses pieds vers le feu et dit nonchalamment au bout de quelques instants :

— Veuillez me passer ce livre que Bénédicte vient d'oublier. Tenez , baron , là devant vous, à l'angle de la cheminée.

— Ah! ce livre appartient à mademoiselle Bénédicte?

— Oui , voilà de ses lectures , elle ne lit pas les jeunes messieurs *de Bois-Doré* qui sont chez vous, les *Misérables* qui sont chez moi, elle lit les *Balances du bon Dieu....*

Etes-vous en haut , en bas de ces balances-là, baron?

— J'ignore même si j'y suis, madame.

— Mon cher , je crains fort qu'on n'ait tenté de vous y placer, et, comme dit le prophète Daniel , que vous n'ayez été trouvé trop léger.

— C'est encore mademoiselle votre nièce qui parle ainsi, madame, dit le baron avec ironie?

— Mademoiselle ma nièce est de noble race ; si vous croyez lui faire beaucoup d'honneur en songeant à elle, apprenez qu'elle ne saurait retrouver un nom et une fortune en sacrifiant les susceptibilités de son père, et de plus voyez-vous dans ce livre cette page lacérée avec l'ongle ?

— L'ongle rose de cette jeune fille ?

— L'ongle d'une main crispée qui feuilletait tout à l'heure tandis que je parlais, et qui s'est violemment arrêtée sur ce passage.

— Et ce passage, continua le baron en essuyant ses lunettes, ce passage dit !.... voyons...

— Ne mettez pas vos lunettes, baron, j'y vois encore mieux que vous, il paraît ; ce passage dit que dans les balances divines le plus noble n'est pas celui qui reconstitue une hiérarchie, c'est celui qui, tout en anéantissant le dernier vestige de sa grandeur, a la fidélité obstinée de son devoir.

— Peuh ! ceci touche fort à l'enthousiasme. Peuh ! gonfler les sons sur une même cadence ne peut être une richesse de l'esprit. Décidément, marquise, avec l'âge vous montez à une hauteur de vertu qui m'étonne. Tenez, je retourne chez moi réfléchir, j'agiterai aussi mes balances ! les balances de Dieu sont fort bonnes, je n'en doute pas, mais les balances du monde s'agitent sans cesse et je ne saurais y faire entrer Christophe.

Non, marquise, non, décidément je ne me lance pas dans une pareille bévue, quel bruit cela ferait ! Avant tout j'aime le calme...

— D'une conscience fermée, baron.

— D'une conscience tranquille ; je n'ai aucun crime à déplorer.

— Imprudence des sages, s'écria la marquise. Pas de crimes, mais des fautes accumulées. Baron, si vous persistez, comptez-en une de plus.

Ah ! poursuivit-elle en frappant de petits coups secs sur sa tabatière : *La lumière luit dans les ténèbres, les ténèbres ne l'ont pas comprise.*

— Bah ! répliqua le baron en s'inclinant de l'air le plus gracieux.

— Il n'y a de ténèbres nulle part où l'on vous trouve, marquise. Je pars , pénétré , émerveillé des soucis que vous prenez pour mon avenir, des rayons dont vous l'éclairez. Nous y réfléchirons, mon dernier mot n'est pas dit, car, je suis obligé de l'avouer, votre nièce est charmante. Mais Christophe ! ah ! ma foi, les balances du monde , du ciel même, en seraient embarrassées et le rejetteraient. Comment donc oserais-je m'en charger ?

— Partez donc, dit la marquise, vous n'êtes pas sérieux aujourd'hui.

— Je le suis toujours quand je vous assure de mon dévouement, continua le baron en saluant encore et s'avançant vers la porte.

Au même moment cette porte s'ouvrit, la femme de chambre apparut.

— Monsieur et mademoiselle Laroze attendent sur le palier le livre oublié par mademoiselle, dit Esther....

— Oh ! oh ! fit le baron en se retirant en arrière, laissons-les passer.

Toutefois, avant de remettre le livre à Esther, le baron eut soin de regarder le nom de l'éditeur.

CHAPITRE IV

LA CHUTE.

Plût à Dieu que les péchés par
lesquels j'ai mérité la colère de
Dieu et les maux que je souffre,
fussent mis les uns avec les autres dans une balance. (JOB, VI,
2.)

ademoiselle Laroze attendait son livre comme l'avait dit Esther, elle allait probablement sortir, car elle avait un chapeau et une grande pélerine de velours noir; sa robe de soie était relevée à droite et à gauche de manière à laisser paraître un jupon noir bordé de velours et un pied délicat; mais elle avait apporté dans ce détail une sorte de pudeur instinctive qui prouvait aux yeux exercés que, tout en voulant faire la part des précautions indispensables à prendre en présence du macadam, elle ne voulait à aucun prix ressembler à ces bayadères parisiennes dont la crinoline, les jupons écourtés et ballotants rappellent les danseuses des cirques et privent absolument les femmes de toute la dignité qui leur sied si bien.

Près d'elle, un homme, appuyé sur la rampe de l'escalier, agitait son pied droit avec un mouvement irrité. La taille de cet homme était élevée, musculeuse, son profil accusé, caractéristique, de longues moustaches grisonnantes lui donnaient un aspect sévère ; il tenait son chapeau à la main, ce qui permettait de voir son front chauve, large, et son nez aquilin complètement busqué par une seule courbe ; les yeux de cet homme devaient évidemment être ardents, hardis même, mais ils étaient dissimulés avec soin par des lunettes d'un bleu foncé entourées de soies noires.

— Quand aurez-vous donc ce livre ? prononça-t-il d'un accent rude ?

— Mon père, le voilà, répondit-elle en prenant le bras de celui qui l'interrogeait ; Esther vient de me l'apporter, nous le lirons en attendant l'oculiste... Il faut toujours attendre si longtemps.

— Le titre de cet ouvrage me déplaît.

— Vous ne croyez donc pas, poursuivit-elle tout en descendant l'escalier et dirigeant la marche de son père, vous ne croyez pas que Dieu a sur le monde une action providentielle ?

— Je crois, répondit-il brusquement, que Dieu exerce sur le monde une influence heureuse ou fatale suivant l'heure et le lieu où nous sommes placés ; ses actes sont libres, il nous repousse ou nous attire suivant sa volonté du moment.

— Dites suivant nos mérites, ajouta-t-elle très-vite, Dieu ne peut avoir de caprices. Non, il n'en a pas et ce livre commence par cette phrase de Bossuet :

« Justice de Dieu, que vous êtes exacte, vous
« mettez en la balance tous les grains de sable. »

— Bossuet dit ce qu'il veut, et ce livre écrit ce qù'il peut, nous verrons bien s'il parle vrai ; m'apprendra-t-il pourquoi je deviens aveugle ? Qu'il me prouve que mon inaction sera plus utile à Dieu que mon travail et je croirai à toutes' ces sornettes de bonne femme qui font ton aliment quotidien.

Bénédicte voulait répondre ; mais ils arrivaient l'un et l'autre dans la rue, la multitude d'individus élancés en tous sens rendaient le trajet si difficile pour un homme privé de la vue que mademoiselle Laroze et son père ne songèrent plus à converser.

Cette difficulté matérielle de la circulation est souvent à Paris fort heureuse pour les gens affligés, en ce sens qu'elle force leurs pensées à se détourner de sujets douloureux, pour se fixer sur des objets insignifiants qui apportent une salutaire diversion.

Ce fut ce qui arriva en cette circonstance.

Christophe Laroze se laissa diriger par sa fille sans se raidir, ni s'arrêter, ce qui était rare pour lui, car généralement il ferraillait toujours, non avec des armes qu'il ne maniait jamais, mais avec des raisonnements, des doctrines, des systèmes, sortes de tranchants plus perfides encore pour l'esprit que les autres ne peuvent l'être pour le corps.

Il en était résulté chez lui une soif inextinguible de désapprobation, de discussion, et une fois posé en accusateur opiniâtre de la société, il était devenu jaloux de tout contredire.

Les hommes de cette trempe ont besoin de ressentir l'air extérieur et libre afin que leur âme soit momentanément apaisée ; mais à Paris, où les plus riches, les plus pauvres ne respirent que ce que les gaz délétères n'ont pas absorbé, cet apaisement ne saurait être complet.

Monsieur Laroze fut donc absorbé, mais non amélioré par sa course ; l'air frappait par moments son visage et rafraîchissait son front brûlant ; mais les trottoirs étaient si glissants, si resserrés par les piétons, qu'il ne pouvait songer qu'à éviter les chocs et sa fille réussissait difficilement à écarter les obstacles qui s'opposaient à ce que leur trajet s'accomplît.

Il y eut même un moment de presse imprévue où Bénédicte eut beau faire, sa résistance devint nulle ; la foule lancée en divers sens la sépara brutalement de son père ; il fut rejeté du trottoir sur le pavé, perdit pied et tomba complètement étendu sans qu'il fût possible à sa fille de lui porter secours.

Elle poussa un cri répété à l'instant par vingt autres personnes, qui s'élancèrent pour offrir leurs services.

Grâce à un grand jeune homme d'une physionomie aimable et franche, monsieur Laroze fut vite relevé, le jeune homme lui offrit le bras d'une manière si cordiale qu'il n'y eut pas à douter de ses bienveillantes intentions. Christophe l'accepta.

CHAPITRE V.

LA RENCONTRE.

Dieu a précipité dans la mer le
cheval et le cavalier. (Moïse.)*

eureusement vous n'êtes pas blessé, dit ce même jeune homme en soutenant Christophe, je ne me le serais jamais pardonné, car bien certainement je suis un peu cause de votre chute.

— Est-ce vous qui m'avez poussé si violemment, jeune homme ?

— Je n'en sais vraiment rien ; mais j'en ai peur, il y avait là d'insupportables badauds qui n'avançaient pas ; pour m'en débarrasser j'ai joué des coudes à droite, à gauche.

— C'est de la brusquerie ou de l'enfantillage ; mais vous m'avez fait grand mal.

— Vous me désolez, monsieur, que puis-je faire pour vous prouver mon repentir, ah ! me voilà corrigé à tout jamais.

— Ce sera trop tard pour moi.

* Image du démon et du péché que Dieu renverse ensemble, rendant leurs efforts inutiles.

— Trop tard ! oh ! non monsieur. Qui sait ! je vais peut-être vous rendre de vrais services, maintenant que j'ai l'honneur de vous connaître.

— Je ne sais plus vraiment quels services on peut me rendre, dit Christophe amèrement.

— Quand j'ai aperçu vos grandes lunettes entourées de soie gisant sur le pavé et vos yeux malades entièrement découverts, poursuivit le jeune homme, j'aurais donné une année de ma vie pour ne pas en être la cause même indirecte.

— Une année de votre vie, murmura Christophe. Vous devez être très-jeune, puisque vous êtes si généreux d'un bien si vite dépensé. Heureusement pour vous, celui qui accorde les années d'existence ne nous permet pas d'en disposer gratuitement.

— Ma foi, repartit le jeune homme, avouez qu'on les gaspille souvent, que souvent aussi on les donne pour bien des actions qui ne valent pas celle-ci ; je n'aurais donc pas placé un billet à mauvaise échéance dans les balances du bon Dieu.

— Les balances du bon Dieu ! Cette phrase me poursuit.

— Ah bah !

— N'avez-vous pas sous le bras un livre qui porte ce titre, Bénédicte?

— Oui, mon père, répondit-elle en faisant apparaître un livre bleu caché sous sa pélerine de velours.

— Serait-ce vous qui êtes l'auteur de ce livre, jeune homme ?

— Moi ! Non certes, monsieur, j'écris un tas de fadaises pour réjouir les imbéciles qui peuplent la terre ; quant à un livre sérieux, je suis incapable d'y avoir songé.

— Que dit celui-là, madame, ajouta le jeune étranger en regardant avec une certaine timidité celle qu'il interrogeait ?

— Mademoiselle, dit tout bas Christophe.

— Ah ! mademoiselle, continua joyeusement le jeune homme, eh bien ! quelle est la morale de ce livre ?

— Je ne l'ai pas encore lu, dit-elle ; mais il doit nous apprendre, je crois, que le regret de nos fautes est préférable à l'exaltation de nos mérites.

— Ceci est mon absolution ou je ne comprends rien, dit en riant le jeune homme ; je vous remercie, mademoiselle. Je ne sais pourquoi, je vous croyais très-mécontente de la vivacité dont monsieur votre père vient d'être victime ; mais avec un pareil livre sous le bras, vous devez me pardonner. Appuyez-vous, monsieur, je suis robuste et capable de vous conduire au bout du monde pour peu que cela vous soit agréable.

— Merci, dit Christophe, je ne fais pas d'aussi longs voyages, je vais chez mon oculiste pour le consulter, mes promenades se bornent là.

— Y allez-vous ainsi, depuis longtemps, demanda

le jeune homme en écartant d'une main vigoureuse un ouvrier chargé de ballots qui allait se heurter contre l'infirme.

— Depuis longtemps, oui, oh! depuis bien longtemps; mais je l'oublierais si j'avais l'espoir de guérir.

— L'espoir ne doit jamais se perdre, poursuivit le jeune homme en faisant pirouetter sur ses talons un gamin qui le gênait pour avancer.

— Jamais! répéta avec une nuance ironique Christophe. Que d'illusions dans cette phrase! que de fraîcheur dans votre voix! vous n'avez encore trouvé ni déception, ni entraves, jeune homme!

— Des déceptions, si monsieur, si ma foi, j'ai été repoussé dans plusieurs examens et j'ai écrit des ouvrages dont personne ne veut. Quant aux entraves, dès qu'elles se présentent, vous le savez, hélas, à vos dépens! je joue des coudes et j'écarte les obstacles.

— Effectivement, vous vous faites place.

— « *Oui, mon bonheur a passé mes souhaits,*
» *Qu'à son gré désormais la fortune me joue,*
» *On me verra dormir au branle de sa roue.* »
BOILEAU.

Christophe secoua la tête.

— Vous auriez tort, dit-il, ne permettez pas à la fortune de vous jouer et surtout ne l'attendez pas en dormant.

Le jeune insouciant se mit à rire. Il préparait probablement quelque plaisante réponse, quand Bénédicte avertit son père qu'il dépassait la porte de l'oculiste.

Christophe s'arrêta immédiatement et remercia son conducteur avec une affabilité qui ne lui était pas ordinaire. Décidément, ce jeune homme lui avait plu, sa fille ne put en douter. Elle fut toute surprise d'entendre son père l'assurer qu'il le reverrait avec plaisir et le voir remettre sa carte de visite aussitôt que ce nouvel ami lui eut exprimé le désir de s'enquérir de ses nouvelles ; bien plus, Christophe ne fut pas plutôt entré sous la porte cochère du docteur qu'il regretta de ne pas avoir demandé également au jeune homme quel était son nom. Il assura Bénédicte que la voix de ce jeune homme avait réveillé en lui de vieux et agréables souvenirs, quoiqu'elle eût toute la sonorité d'un timbre jeune, et il ne cessa d'en parler qu'au moment où il pénétra dans l'antichambre de l'oculiste.

Alors, un parfum méphitique de gens agglomérés, de drogues souvent agitées, lui rappela où il se trouvait et la cause si triste qui l'y faisait venir. Il se tut, rapprocha ses sourcils épais et se laissa entraîner dans le salon, suivant avec précaution chaque mouvement de sa fille.

CHAPITRE VI

LE SALON DE L'OCULISTE.

Lasciate ogni speranza voi che
entrate.   (Dante.)

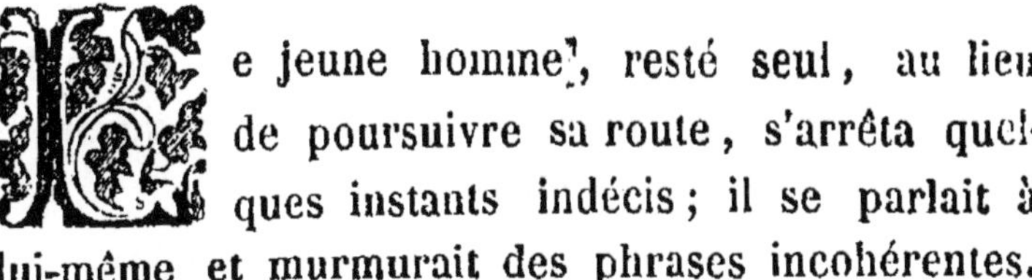

e jeune homme, resté seul, au lieu de poursuivre sa route, s'arrêta quelques instants indécis ; il se parlait à lui-même et murmurait des phrases incohérentes.

— Est-elle jeune, est-elle jolie, est-elle brune, est-elle blonde !...

— Qui cela, dit un gamin qui passait près de lui, montrez-la moi et je vais vous le dire.

Mais pour toute réponse notre jeune héros tira de sa poche la carte que Christophe venait de lui remettre, y jeta les yeux, se frappa le front et rebroussa vivement en arrière.

— Maraud, dit-il à l'enfant qui ricanait de sa pantomime, au lieu de te moquer de moi, indique-moi où vient d'entrer un vieux monsieur aveugle e une jeune dame....

— Brune ou blonde ? demanda le gamin.

— Un chapeau de velours noir, dis vite .

—- Ni vu, ni connu, riposta l'enfant ; cependant les aveugles fourmillent au numéro 50 et les chapeaux de velours noir aussi. *Voyez voir* si c'est le vôtre.

Il n'avait pas fini que le jeune homme s'était élancé dans la maison désignée et demandait à quel étage se trouvait l'oculiste.

Une seconde après, il sonnait chez ce célèbre praticien.

— Auriez-vous la bonté, dit-il au domestique en livrée qui vint ouvrir, de me laisser parler à monsieur Christophe Laroze. Il attend sans doute dans le salon de votre maître, ajouta-t-il en voyant le regard surpris du serviteur.

— Oh ! répondit poliment le domestique tout en resserrant contre lui la porte qu'il avait ouverte, monsieur doit comprendre que les personnes qui viennent ici consulter ne peuvent recevoir la visite de leurs amis.

— Mais si je viens pour consulter, dit le jeune homme avec vivacité.

Le domestique regarda les grands yeux limpides et expressifs du soi-disant malade et sourit comme s'il jugeait cette pratique de faux aloi ; cependant, il ne fit plus d'objection et se rangea pour le laisser passer.

Il y avait alors sept ou huit personnes dans l'antichambre qui attendaient d'un air triste et qui étaient pauvrement vêtues.

Mais il y avait tout autour du salon suivant, tant d'individus assis, tant d'autres obligés de rester debout dans les embrasures des fenêtres, que le nouvel arrivant ne sut trop s'il devait persister et pénétrer au milieu de cette assemblée.

Le salon était sévèrement meublé : tenture sombre relevée par des tableaux, meubles de velours, tables et consoles de Boule, beaux bronzes, mais tout cela encadrait tant de femmes, d'enfants, d'artistes, de militaires et même de prêtres, qu'aucun détail ne s'apercevait au premier abord et tout semblait confusion.

Ces gens réunis s'entretenaient à demi-voix avec leurs voisins; ils racontaient les améliorations ou les aggravations survenues dans leur état depuis le commencement de leur traitement.

Plusieurs d'entre eux se retrouvaient tous les jours ; ils ne se connaissaient pas autrement, mais ils éprouvaient une sorte de consolation à se redire leurs maux réciproques.

Quelques-uns parlaient politique à mots couverts et ne laissaient échapper que des exclamations.

Pendant ce temps-là, des enfants se faisaient des niches sous la table, ils étaient continuellement rappelés à l'ordre par leurs parents.

Enfin, d'autres, silencieusement rangés dans l'ombre, essuyaient continuellement leurs yeux et se mouchaient.

Ce détail fort peu gracieux à raconter, était

encore plus désagréable à observer; mais il servit un jour à signaler le caractère du docteur.

Il détestait les questions, et un individu atteint d'ulcération lui ayant demandé pourquoi, sans être enrhumé, il mouchait sans cesse.

— Parce que, répondit brusquement l'oculiste, en le conduisant à la fenêtre, quand la pluie tombe dans cette maison, elle s'échappe par les gouttières.

L'aspect de tous ces infirmes réunis n'était ni beau, ni gai. Le nouveau venu, avec sa mine heureuse et ses yeux aussi nets qu'enjoués, fit contraste parmi eux. Chacun se dérangea cependant pour lui faire place et il se glissa doucement et poliment vers la cheminée près de laquelle il aperçut monsieur et mademoiselle Laroze.

Bénédicte avait fait un mouvement de surprise et presque poussé une exclamation quand elle vit entrer dans le salon de l'oculiste le jeune homme que son père venait de quitter.

Quant à Christophe, une seule parole de cette voix qu'il assurait reconnaître lui révéla sa présence, et lorsqu'il l'entendit se nommer à sa fille, il se leva soudain, saisit le jeune homme par le bras et s'écria : Je l'aurais parié, oui, vous êtes bien Stalberg et je vous aurais reconnu si j'avais pu vous voir.

— Reconnu, je ne sais, dit en riant Stalberg, attendu que je suis le fils de votre ancien camarade et non lui-même, autrement dit Adrien, et non Sosthènes.

— Mais Adrien doit ressembler en tous points à Sosthènes, reprit monsieur Laroze.

Adrien répondit qu'il ressemblait encore plus, physiquement, à sa mère; il fut fort embarrassé, il était évident qu'il ne voulait jeter aucun blâme sur la mémoire de son père; mais il déclara que tout en cherchant le plus possible à l'imiter, il y avait une telle différence dans les temps, les événements actuels, que la même manière d'envisager les choses et d'agir serait parfaitement hors d'à-propos.

Cette petite scène intéressa beaucoup tous les malheureux condamnés à attendre et fit diversion. Le silence le plus complet commençait à régner dans le reste de l'appartement et chacun désirait une suite à cette reconnaissance de vieux amis, lorsque la porte du salon fut brusquement ouverte; un homme brun et pâle traversa le salon sans saluer ni regarder personne, puis disparut avec la rapidité de l'éclair par une issue opposée.

CHAPITRE VII

L'OCULISTE.

———

> La véritable lumière est une, dit saint Augustin, il n'en est pas d'autres ; c'est pour cela qu'ils sont uns ceux qui la voient. La lumière matérielle, au contraire, répand sur la vie une douceur perfide dont les attraits séduisent et entraînent au péril ses aveugles amants.

'est *lui*, répétèrent simultanément les vingt-cinq ou trente personnes empilées dans le salon d'attente.

— Oui, *lui*, dirent encore en se levant tous les premiers arrivés.

Mais leur empressement à se lever ne servit à rien, personne ne fut invité à s'avancer dans le cabinet de consultation.

Le domestique même se permit d'introduire de nouveaux venus dans le salon.

Des réclamations s'élevèrent aussitôt :

— Nous sommes ici depuis deux heures.

— Nous venons de Versailles.

— Je retourne à Saint-Germain dans un quart-d'heure.

— Je suis arrivé le premier.

—. Je suis attendue par mes enfants.

Le domestique souriait agréablement :

— Monsieur est avec des malades amenés par leur médecin , dit-il.

— C'est injuste.

— Non messieurs , les médecins passent immédiatement, ils n'ont pas le temps d'attendre, eux.

— Et nous, avons-nous le temps !

— Personne n'en mourra , il faut espérer , tandis que les malades qui attendent leur médecin peuvent mourir.

Le domestique sortit triomphant ; la victoire lui restait.

Cependant, une vieille femme , impatientée de ne plus entendre personne se plaindre , s'écria :

— Je vois bien que les pansements ne se feront pas aujourd'hui.

Cette supposition fut démentie à l'instant même ; l'oculiste apparut sur le seuil de l'appartement voisin, et il s'écria :

— Allons , *les pansements*! venez tous !

Douze ou quinze individus s'ébranlèrent , s'élancèrent avec impétuosité et se cognèrent les uns contre les autres en passant la porte , tandis que le docteur , les bras croisés , les regardait entrer en haussant les épaules.

Voilà l'humanité , fit-il , quand ils furent entrés dans un boudoir adjacent au cabinet de consultation.

— À qui maintenant à entrer ?

Christophe, sa fille et Adrien, voyant que personne n'osait plus réclamer ses droits, s'approchèrent à leur tour.

Le docteur parut mécontent de leur empressement.

— Vous savez bien, dit-il à Bénédicte, que je n'aime pas à vous parler quand j'ai tout *ça*, il désignait ainsi *les pansements* qui attendaient à gauche et les patients qui restaient immobiles dans le salon les yeux braqués sur lui.

De la main il indiqua un grand canapé de velours rouge et engagea Bénédicte à s'y asseoir près de son père, jusqu'à ce qu'il pût s'occuper de lui. Il allait ensuite procéder aux pansements quand il fut frappé par la physionomie d'Adrien.

— Je connais ce jeune homme, dit-il à mademoiselle Laroze, est-il donc venu avec vous ?

— Monsieur Stalberg, répondit-elle brièvement, comme si ce nom devait suffire à toute explication.

Il suffit effectivement.

L'oculiste jeta sur Adrien un coup d'œil rapide, et dit :

— Il est le portrait vivant de sa mère, même vivacité, même franchise dans le regard.

Puis, sans s'appesantir davantage sur ce sujet, sans donner ni demander aucun détail concernant la santé de Christophe, il s'élança dans le cabinet des pansements et alterna tantôt un pansement, tantôt une consultation.

La fistule lacrymale, les larmoiements, les renversements des paupières, les amauroses, les taches sur les yeux, les ulcérations se succédèrent pendant une heure.

L'oculiste n'avait pas plus l'air de songer que Christophe était là, impatient et malade, que s'il n'avait pas existé. Adrien Stalberg en aurait été surpris si Bénédicte ne lui avait expliqué à voix basse, que le docteur gardait les privilégiés pour l'heure où les indifférents étaient partis ; il était libre alors de les examiner et de les conseiller à son aise.

Cette longue attente ne fut pénible que pour M. Laroze, car évidemment, elle devait être au contraire pleine d'intérêt pour sa fille et le fils de son ancien ami.

L'oculiste méritait à lui seul toute l'attention de l'observateur.

C'était, comme je l'ai dit plus haut, un homme brun et pâle, mais d'un pâle *citron*, qui annonçait un tempérament bilieux ; sa physionomie et ses paroles offraient de continuels contrastes et il était très-difficile à juger.

En effet, un homme qui n'est ni très-beau, ni très-laid, ni très-grand, ni très-petit, et qui apparaît, quand il parle, sous chacun de ces différents aspects, suivant les malades qui lui plaisent ou qui lui déplaisent et les espérances plus ou moins grandes qu'il peut avoir de les sauver, ressemble à une énigme.

Généralement le docteur n'était avec ses malades ni poli, ni sentimental, il les *expédiait* vite, leur permettait peu de questions et ne tolérait aucune réponse; mais chose inouïe! tous l'écoutaient avec confiance. Quand il avait dit : vous guérirez, le malade était déjà en voie de guérison tant son espoir devenait fondé ; et quand il disait : vous n'avez pas le sens commun aujourd'hui, personne n'aurait osé réclamer.

Le docteur avait de grands sourcils horizontaux qui annoncent, dit-on, un caractère fortement trempé. Il les rappochait comme les penseurs qui concentrent ainsi le fluide de leur cerveau.

Il avait aussi des lèvres fortes qui ajoutent ordinairement à l'expression de bonté d'un visage ; mais, comme il les avançait d'un air boudeur, en leur imprimant, suivant les gens et les choses, une inclinaison de côté, sa bouche semblait railleuse et nuisait au charme puissant qui animait parfois son regard.

Je le répète, chez lui, tout faisait contraste : ses paroles impatientes, brusques, étaient même en désaccord avec le timbre de sa voix, et tandis qu'il se servait d'expressions sévères, chacune de ses intonations était d'une douceur harmonieuse qui annonçait, en dépit de toutes les fanfaronnades du langage, un cœur bon et compatissant.

Des scènes fort émouvantes se passèrent en présence de monsieur et mademoiselle Laroze.

Il y eut de pauvres affligés qui durent renoncer à tout espoir de guérison, des mères qui pleuraient, des enfants qui criaient, etc., etc.

Mais il y eut aussi des scènes burlesques, des simples d'esprit qui irritaient le docteur par leurs réflexions saugrenues, leurs exclamations, leurs pantomimes.

Enfin, tout cela finit, et alors il se retourna vers Bénédicte.

— Eh bien ! mademoiselle, s'écria-t-il en prenant ce regard aimable qui transformait immédiatement sa physionomie, suis-je patient, aujourd'hui, suis-je patient ? N'ai-je pas répondu sans m'irriter à tous ces gens incapables de comprendre que je ne puis, comme le bon Dieu, donner une âme raisonnable à tout ce qu'il tire du limon de la terre.

— Oh ! ils comprennent plus que vous ne pensez, docteur, répondit-elle, plus vous deviendrez patient, plus vous serez surpris de voir le limon se pétrir et s'animer.

— Effectivement, dit le docteur en riant, c'est par des actes successifs que Dieu a rempli tout l'univers.

— Oui, petit à petit, vos soins, vos ordonnances....

— Créeront un monde d'imbéciles, continua-t-il en haussant légèrement les épaules ; depuis quinze ans que j'exerce, voilà mon résultat le plus net.

— Ah ! docteur....

— C'est cela , voyez-vous , quand on se sert de la matière pour arriver à l'esprit et l'élever, la matière absorbe tout , rien ne jaillit.

Il y avait un mécontentement mal comprimé dans l'accent du docteur.

Ces hommes de labeurs qui coopèrent à la résurrection momentanée des corps , sont exigeants et presque toujours irrités de l'ingratitude humaine.

Il fit passer Bénédicte et son père dans son cabinet de consultation. Stalberg resta seul.

Pendant ce laps de temps il examina les livres , les papiers épars du docteur ; son nom, écrit sur plusieurs enveloppes de lettres, le frappa : c'était un nom de son pays, il l'avait entendu prononcer à Villefranche bien souvent dans sa propre famille et l'oculiste devait évidemment avoir connu son père.

Aussi, lorsque Christophe et sa fille reparurent et qu'ils annoncèrent qu'ils avaient envoyé chercher une voiture pour retourner chez eux, il ne parla pas de les accompagner plus longtemps, il promit à monsieur Laroze d'aller prochainement savoir de ses nouvelles et il demanda au docteur quelques instants d'entretien.

—Volontiers, répondit en souriant l'oculiste; vous n'avez cependant pas les yeux malades.

— En êtes-vous sûr ?

— Parfaitement , ils sont beaux et bons comme l'étaient ceux de votre pauvre mère.

Le docteur accompagna Bénédicte pour lui faire des recommandations relatives au traitement de son père, il revint ensuite vers le jeune homme et lui tendit cordialement la main.

CHAPITRE VIII

CATHOLIQUE OU PROTESTANT.

Écoutez le conseil et recevez les instructions afin que vous soyez sage à la fin de votre vie. (Proverbe, 20.)

Nous sommes de vieilles connaissances, dit-il, je vous ai vu, connu, aimé, quand vous étiez grand comme Tom Pouce et bercé sur les genoux de votre mère. Sera-t-il aveugle ou clairvoyant, demanda-t-elle un jour ?

— Il n'y a que les fous qui prédisent la veille ce qu'ils seront le lendemain, répondis-je.

Cette réponse la choqua, et je m'aperçus qu'en m'interrogeant, elle songeait plus encore à vos croyances religieuses qu'à vos yeux.

— Je n'en suis pas surpris, elle allait alors devenir catholique et elle aurait vivement désiré ma conversion, dit Stalberg ; malheureusement ou heureusement, je ne sais, elle est morte trop tôt.

— Vous êtes protestant ?

— Oui monsieur, suis-je par conséquent aveugle ou clairvoyant, je l'ignore : matériellement je vois très-loin ; mais intellectuellement, je crois ma vue bornée, ou du moins j'en ai peur.

— Et moi je parierais que vous êtes plein de sagesse pour votre âge, reprit le docteur, justement parce que vous contez sans l'outrecuidance ordinaire chez les hommes de vingt à trente ans.

— Ne pariez pas avant de savoir ce que je veux vous demander, monsieur.

Stalberg apprit alors à l'oculiste que les jeunes gens de Villefranche, réunis à Paris en grand nombre, s'occupaient de préparer l'élection prochaine d'un député. Ils avaient tous désigné Christophe Laroze, déjà mis sur les rangs à l'élection précédente et ils lui reconnaissaient les conditions exigées par le parti libéral. Adrien lui-même appuyait ce choix en se rappelant que Laroze était l'ami de son père ; mais il ignorait qu'il fût menacé de perdre la vue, et maintenant qu'il l'avait découvert, il désirait savoir s'il y avait ou non chance de guérison prochaine.

L'oculiste fut assez embarrassé. Évidemment, dit-il, le cas était fort grave ; mais cependant, Christophe pouvait encore parfaitement guérir s'il voulait se soumettre complètement au régime imposé, ne pas surexciter son système nerveux, et surtout s'il consentait à distraire son esprit au lieu de l'irriter.

Le docteur avouait que monsieur Laroze pouvait à certains points de vue être un excellent choix ; il avait une intelligence peu ordinaire, des con-

naissances variées et une grande fécondité d'élocution ; il pouvait donc mieux que personne remplir
son mandat s'il était désigné et s'il guérissait.
Il regarda au reste ce projet comme un *moyen*
qui aurait une influence heureuse sur le malade, dès qu'il le connaîtrait. Cette espérance détour-
nerait les funestes pensées qui nuisaient à son rétablissement. Il engagea Stalberg à le voir, à l'assurer
qu'il n'était pas inguérissable, puisqu'on songeait
à lui confier une mission importante et il ajouta
qu'on serait toujours à temps de trouver un autre
homme un peu plus tard, si monsieur Laroze n'ob-
tenait pas la moindre amélioration dans sa santé.

Tout cela fut dit très-vite et assez brusquement,
mais Stalberg fut surpris parce que le docteur,
abandonnant subitement ce sujet, se mit à parler de
Bénédicte et lui conseilla, s'il la voyait souvent, de
la consulter en toutes circonstances comme une
personne d'un jugement et d'une piété à l'abri de
toutes les faiblesses. Il la dépeignit sous des couleurs
si suaves, il en fit un portrait moral si ravissant,
qu'un aussi jeune homme devait nécessairement être
un peu ébloui par de si nobles qualités.

Mais ces qualités surtout offraient plus de
charmes chaque fois que Stalberg se rappelait la
physionomie douce de mademoiselle Laroze. Il ne
pouvait désirer être converti, s'il devait l'être, par
une personne qui fût plus sympathique.

L'oculiste était pressé et n'avait jamais de
temps à perdre en conversations inutiles, il se leva le

premier comme le ferait un prince ou un prélat pour congédier un visiteur importun, et Stalberg, comprenant qu'il était mis poliment à la porte, prit le sage parti de disparaître le plus vite possible.

Quand il se retrouva dans la rue, il rencontra juste au même endroit du trottoir son effronté petit gamin.

— Ah ! monsieur, dit familièrement le bambin, l'aveugle et le chapeau de velours noir sont montés dans un coupé qui a filé à gauche.

Adrien ne répondit pas et poursuivit son chemin.

— Elle n'est ni brune, ni blonde, cria le gamin d'un ton de fausset.

Ma foi, murmura Stalberg en continuant sa marche rapide, c'est comme moi, je ne suis ni catholique, ni tout à fait protestant, ni brun, ni blond.

> Donc, pour plaire à chacun et vivre largement
> Quel air faut-il jouer et sur quel instrument ? (LAPRADE).

CHAPITRE IX

LE TRAITEMENT.

> Lorsque Dieu va punir, il
> tourne contre-nous notre pro-
> pre sagesse ; il ne nous tient
> pas compte d'une prudence
> qui vient trop tard.
> (CHATEAUBRIAND.)

Si l'immobilité complète du corps est déjà un supplice insupportable qui nous fait sentir mille fois plus la pesanteur de nos membres, à plus forte raison, ce même supplice doit-il être triplé par l'absence de lumières et de distractions extérieures.

La tombe s'est évidemment ouverte, puis refermée sur le malheureux condamné à n'avoir aucune faculté motrice.

La pensée elle-même doit souffrir étrangement, car Dieu a tellement lié, comme élément essentiel à notre esprit, tout ce qui dépend de notre corps misérable, que nous nous sentons alourdis et momentanément dessaisis de facultés dont nous avions cru orgueilleusement pouvoir nous montrer fiers.

Christophe en était là : depuis douze heures il se soumettait à la prescription du docteur ; celui-ci avait ordonné qu'il resterait couché pendant cinq jours dans une chambre complètement obscure, il lui était interdit de faire aucun mouvement et il devait supporter des morceaux de glaces continuellement renouvelés sur ses yeux.

Soit que la circulation sanguine ne coïncidât plus avec l'équilibre du système nerveux, soit enfin que l'exaspération occasionnée par ce repos forcé dût finir par déborder, il était difficile de juger les motifs de la fureur du pauvre malade ; mais il se plaignait amèrement de son sort, il accablait Bénédicte d'apostrophes aussi rudes qu'injustement méritées, il l'accusait même de ne pas s'affliger assez de ses souffrances, elle, cependant, qui avait passé la nuit debout à son chevet pour renouveler continuellement la glace sur ses paupières ! elle qui le soignait depuis des années avec un dévouement sans bornes ! mais rien ne rend injuste comme les douleurs physiques, elles broient l'âme et lui enlèvent sa fermeté et sa dignité naturelle.

Oh oui, quand nous souffrons, notre pauvre âme défigurée n'a plus la plénitude de son bon sens et n'est par conséquent pas toujours responsable de ses actes. Bénédicte le comprenait.

Loin de se fâcher à son tour de tant d'exigences et de dureté, elle compatissait à tous les maux de son père.

Il prétendait qu'il voyait sans cesse des cercles de feu se produire dans l'obscurité.

Il accusait des douleurs nerveuses intolérables dans tous les membres, des élancements dans la tête.

Bénédicte essayait de tous les genres de soulagement. Hélas! les petits moyens sont inefficaces devant les grandes choses et ne font parfois que les irriter, rien ne réussit.

Les minutes, les heures mêmes se succédèrent sans obtenir de calme; il finit par déclarer qu'il ne pouvait rester couché; cependant, il le fallait à tout prix. Sa fille le supplia de patienter encore s'il ne voulait faire échouer le traitement.

Cette recommandation, loin de l'apaiser, l'exaspérait.

Le traitement! pourrait-il le sauver, disait-il! Non, il ne le sauverait pas, les hommes sont impuissants à sauver leurs semblables et la science humaine est erronée.

Que lui importait à cet oculiste de le condamner à l'immobilité et de le jeter d'avance dans la tombe puisqu'il ne devait partager ni les mêmes souffrances ni les résultats fâcheux de cette crise; s'il guérissait, le docteur enregistrerait triomphalement cette cure; s'il devenait aveugle, le docteur l'accuserait d'avoir mal exécuté ses prescriptions.

Bénédicte se désolait de l'entendre parler ainsi, elle cherchait à l'adoucir par des paroles d'encouragement et d'espérance.

Il repoussait tout et s'agitait sur sa couche.

La pauvre fille changeait en vain les oreillers, les couvre-pieds de place : il avait trop chaud ou trop froid. En vain aussi changeait-elle les sacs de beaudruche qui enveloppaient la glace : ils étaient toujours trop lourds ou trop larges. L'eau s'échappait par les fissures et coulait sur les joues, par moment la glace produisait une cuisson insupportable sur les cils et sur les sourcils ; vingt fois elle fut forcée de ramasser les sacs au milieu de la chambre où son père les lançait avec irritation, vingt fois elle les rapporta de nouveau. Vingt fois il l'accusa de gaucherie et se plaignit ou de sa lenteur ou de sa précipitation.

Certes, il est dans la nature de la femme de se dévouer et de soigner ceux qu'elle aime. Néanmoins, la brutalité qui accueille son dévouement est souvent un des plus douloureux froissements de son cœur.

Bénédicte, mue par un sentiment qu'elle comprimait peut-être depuis longtemps, finit par proposer à Christophe de s'adjoindre une sœur de charité.

Cette proposition l'étonna tellement qu'il resta quelques instants sans répondre.

Il ne lui était jamais venu dans l'idée qu'il pût être soigné par une autre que par Bénédicte, et après avoir réfléchi, il s'écria :

— Au fait, Bénédicie, tu es peut-être lasse de moi !

— Non, reprit-elle avec une fermeté surprenante,

je ne saurais être lasse de vous, mon père; mais je suis lasse de vous voir souffrir.

— Et tu penses que cette dame en cornette m'empêchera de souffrir, dit-il en ricanant?

, — Je pense qu'elle saurait au moins vous apprendre à souffrir, répondit-elle, et je vois bien que je ne le sais pas.

— Voilà une science que je serais bien aise de connaître, mais je doute que ces femmes la possèdent d'une manière efficace.

— Vous vous trompez, reprit Bénédicte, la charité est la science du cœur; elle inspire à ceux qui la pratiquent des ressources que les autres ignorent.

— Peuh! ceci se voit dans les livres comme les *Balances.* A propos, nous n'avons rien lu de ce précieux ouvrage.

— Il commence, répondit doucement Bénédicte, par cette phrase de la Bible :

« Celui qui s'élevait par son orgueil au-dessus de
» la condition de l'homme, s'était flatté de pouvoir
» commander aux flots de la mer et peser dans une
» balance les montagnes les plus hautes, maintenant
» il se trouve humilié jusqu'en terre et porté mou-
» rant dans une chaise, attestant publiquement la
» toute-puissance de Dieu qui éclate en sa per-
» sonne. »

— Tu dis doucement des choses bien dures, reprit Christophe.

Mais Bénédicte ne parut pas s'émouvoir du reproche. Depuis un moment, sa manière de servir
son père semblait avoir changé et de même que les
mères, qui ont longtemps cédé à leurs enfants,
finissent par dire haut et ferme qu'elles ne veulent
plus de caprices, de même, mademoiselle Laroze
semblait décidée à dire la vérité tout entière sans
ménagements.

— Mon livre, dit-elle, mon livre demande à quoi
sert de tant étudier pendant cinquante ans, à quoi
sert de vouloir atteindre les régions élevées de l'intelligence et de la raison pour ne pas même ensuite
savoir supporter la souffrance?

— L'auteur de ton livre n'a pas souffert! Voilà
ma réponse.

— Il dit, continua Bénédicte, que la patience ne
peut s'unir qu'à la foi, mais que la sagesse philoso-
phique n'a jamais constitué la force de l'âme.

— La foi, et quelle est cette foi, sinon les *illusions* que la sagesse réprouve! s'écria Christophe.
Des illusions n'apprennent pas à souffrir. Il parla
aussitôt à sa fille du progrès intellectuel qui n'est pas
illusoire et qui fait reconnaître les vérités en les
dépouillant des sottes minuties dont les dogmes ont
enveloppé le christianisme.

Il affirma qu'en se croyant illuminé par les clartés
d'un ordre supérieur, l'homme n'était jamais que
l'esclave de la superstition.

CHAPITRE X

AVEUGLE DE CORPS PLUTOT QU'AVEUGLE D'ESPRIT.

—

Whilst our eyes shut , let our hearts
be open and sig hing after thee ,
and let thy powerful hand protect
thy servants who love thee.

uperstition ! s'écria Bénédicte. Joseph de Maistre dit que superstition signifie *par-de-là*.

— Justement, c'est ce dont je t'accuse, tu vas au-delà du réel, par conséquent tu fais obstacle à la raison.

— Non, répartit Bénédicte, non , je n'y fais pas obstacle, puisque Joseph de Maïstre ajoute :

« Jamais nous ne sommes sûrs de nos qualités
» morales que lorsque nous avons su leur donner
» un peu d'exaltation... de même, continua-t-il, que
» pour franchir un fossé, il faut toujours fixer son
» point de vue au-delà du bord, sous peine de tom-
» ber dedans. »

— Je serais curieux de savoir où peut conduire une course aussi peu mesurée, répliqua le malade en ricanant.

— Où elle conduit ! Bénédicte fit quelques pas en avant et sa voix prit un accent presque solennel. Elle conduit aux pieds de la Croix, dit-elle, on y arrive d'un seul élan au lieu de mille détours destinés à l'éviter, on la contemple, on la comprend et on la partage, c'est-à-dire on s'y laisse crucifier à son tour sans se plaindre ni menacer.

— Je ne l'évite guère dans tous les cas, riposta Christophe d'un ton acerbe. Me crois-tu sur des fleurs depuis quinze jours ?

— Non certes, mais comme vous ne franchissez pas le fossé dont parle Joseph de Maïstre, vous regardez cette Croix avec horreur comme un agent de destruction et vous acceptez sans énergie cet acte d'obéissance matérielle auquel Dieu attache une pensée de réhabilitation.

— Autre utopie, se porte-t-on mieux parce qu'on donne à son mal le nom d'expiation, de crucifiement, etc...., vocabulaire des congréganistes et des dévotes.

— J'assure qu'on se porte mieux, reprit-elle vivement; quand l'âme se guérit, le corps se soulage; dans ce moment où vous ne voyez rien, où vous m'entendez sans m'apercevoir, si vous vous disiez : Jésus-Christ, le principe de vitalité qui renferme à lui seul tous les éléments indestructibles, est là, tout prêt de mon lit de douleur....

—Pourquoi me le rend-il si dur, murmura le malade ?

— Probablement pour vous forcer à recourir à lui. Appelez-le donc ; hélas ! tout est sombre parce que vous vous servez de vos yeux malades. Ouvrez ceux de l'âme, tout se transformera.

— Mon lit deviendra le Thabor ? dit-il avec raillerie.

— Oui, essayez, s'écria-t-elle avec enthousiasme, franchissez le fossé, vous verrez que Dieu permet la cécité du corps pour nous enlever toute illusion sur notre puissance humaine, mais qu'il est prêt à nous secourir ; il n'attend qu'un appel pour se présenter.

— Serai-je guéri ?

— Guéri ! la foi guérit tous les aveuglements, éclaire les ténèbres ; essayez, mon père, essayez.

— Que j'essaye !

Alors Christophe, avec la brusquerie sauvage d'un homme intelligent et mal élevé, se railla des paroles et des opinions de sa fille.

Peut-être ne comprenait-il pas bien les blessures qu'il lui portait, car il devait avoir cette insensibilité qui atteint tôt ou tard les êtres qui n'ont jamais pensé qu'à développer leur esprit aux dépens de leur foi.

Ce qu'il y a de certain, c'est qu'il parla avec mépris des pratiques religieuses de Bénédicte et des erreurs de ses croyances, il fut si mordant, si brutalement sauvage dans ses attaques, qu'elle sentit, comme le dit saint Grégoire de Naziance, que l'esprit de charité a aussi ses *émotions et ses colères* ;

elle finit par s'écrier qu'elle préférait mille fois pour son père qu'il demeurât, hélas ! aveugle de corps, plutôt que de vivre ainsi aveugle d'esprit.

Son accent, ordinairement si doux, était empreint d'une indignation, d'une énergie qui n'échappa nullement à Christophe, il n'osa plus employer le même ton de persifflage.

Evidemment, la conviction qui pouvait dicter à une fille si soumise des paroles si sévères devait être bien forte, il en fut ébranlé.

— Penserais-tu donc vraiment ce que tu dis, ne put-il s'empêcher de murmurer ?

— C'est affreux, répondit-elle, c'est affreux ! mais je l'ai dit, oui je le pense. Dussé-je sacrifier ma vie entière pour vous soigner, pour vous guider, je le répète, mon père, j'aime mieux que vous deveniez aveugle de corps que de rester plus longtemps ainsi aveugle d'esprit....

CHAPITRE XI

CHEZ L'ÉDITEUR.

> Avoir deux poids est en abomination devant le Seigneur. La balance trompeuse n'est pas bonne. (Proverbe 23.)

Une scène bien différente se passait dans les magasins de l'imprimeur, éditeur des *Balances du bon Dieu.*

Un employé empilait dans un angle de la première pièce plusieurs centaines d'exemplaires, lorsque deux messieurs, d'un âge, d'un aspect, d'un accent et d'un costume parfaitement dissemblables, entrèrent par deux issues opposées et vinrent réclamer à la fois un volume de cet ouvrage.

— Très-nouveau, en effet, dit l'employé, choisissant deux livres recouverts de papier bleu identiquement pareil. Voilà, messieurs, vous en avez la primeur, il n'est connu de personne.

— Je ne lui conteste pas sa nouveauté, répartit le plus jeune des acheteurs ; mais j'ai déjà beaucoup entendu parler de ce livre, de plus, j'ai eu le privilége d'en parcourir un exemplaire.

— Vous m'étonnez.

— C'est comme je vous le dis ; mais ne vous désolez pas, c'était une charmante femme qui en était possesseur, cela ne peut nuire au succès d'un début.

— Une femme ! ah ! vous me rappelez que l'éditeur avait promis le premier volume à une demoiselle de ce quartier, il aura tenu sa promesse, et c'est elle....

— Mademoiselle Bénédicte Laroze ! dirent en même temps les deux hommes nantis du volume bleu. Ils le dirent toutefois avec deux intonations de voix bien différentes, l'un avait l'air de se vanter presque avec fatuité, l'autre semblait surpris et regardait dédaigneusement son voisin comme pour lui demander : qui êtes-vous donc pour oser la nommer ?

Les deux hommes ne se ressemblaient en rien, ai-je dit tout à l'heure.

Le plus âgé des deux était d'une maigreur extrême, son front osseux et fuyant annonçait non-seulement les années, mais l'étroitesse du caractère ; ses cheveux gris et courts, symétriquement collés aux tempes, cherchaient à dissimuler de nombreuses rides ; il ne portait ni favoris, ni barbe ; il était mis avec élégance ; cependant, malgré la recherche étudiée de son nœud de cravate et la blancheur éblouissante de son col droit, il n'y avait rien de vénérable dans cette tête de vieillard, rien. La raideur de sa pose et le coup d'œil oblique qu'il dirigea sur son voisin, auraient dû étonner celui-ci et le mettre sur ses gardes.

Il n'en fut rien, c'était un jeune homme d'une physionomie franche et gaie, beaucoup plus disposé à la raillerie qu'à la réflexion ; il trouva fort amusant l'air courroucé du vieux monsieur et il s'écria aussitôt :

— En vérité, je l'affirme, c'est parfaitement mademoiselle Laroze qui lisait ce livre et qui m'a permis de le parcourir.

— C'est un livre fort moral, dit l'employé de magasin.

— Fort moral, sans aucun doute, et je trouve fort avantageux d'être moralisé pour un franc cinquante centimes. Cependant, si j'étais forcé de le lire d'un bout à l'autre, je le trouverais peut-être indigeste.

— Pourquoi l'acheter alors, observa sèchement le vieux monsieur ?...

— Ah ! ceci est un mystère de mon âme ! j'aime ma jeunesse et cependant, comme Montaigne, j'aime aussi ce qui donne appétit de vieillir.... De plus, décidément *Les Balances du bon Dieu* s'inclinent vers tous les hommes, je suis bien aise de faire connaissance avec leurs poids et mesures.

— C'est vous, Adrien Stalberg, cria de l'autre extrémité du magasin une voix retentissante.

— *Ego vivus*, répondit le jeune homme.

— Mon cher, votre manuscrit est retourné chez vous ce matin avec de nombreuses notes.

— Ah ah ! reprit joyeusement le jeune homme, des corrections, c'est bon signe, on ne corrige que ce qui en vaut la peine.

— Vous en jugerez, Stalberg, rapportez-le un autre jour, pour le quart d'heure je suis très-pressé. Au revoir.

— Au revoir, certainement, fit retentir Stalberg de toutes ses forces.— Ma foi, je ne l'espérais pas, et je crois vraiment que les balances du Seigneur vont faire une rotation avantageuse sur mes terres afin de laisser mes premiers pas s'éclairer d'un peu de soleil.

— On en douterait, en voyant le temps actuel, dit l'employé qui ouvrait en ce moment la porte d'entrée, il pleut à verse, messieurs !

— Ah ! diable, exclama le jeune homme, j'ai pourtant hâte de sortir.

— Si vous vouliez accepter la moitié de mon parapluie, prononça lestement le vieux monsieur dont le front venait subitement de se détendre, peut-être nous dirigeons-nous du même côté.

Adrien, fort étonné, s'excusa ; mais le vieux monsieur insista beaucoup, et le jeune homme, de plus en plus surpris, finit par accepter.

— Quel intérêt ce parfait gentilhomme peut-il avoir à m'escorter, dit-il gaiement en se penchant vers l'employé qui accompagnait cérémonieusement le vieillard ?

Cette phrase pourrait faire supposer que ce jeune homme ne croyait déjà plus aux sentiments de pure générosité ; mais en examinant l'espèce d'automate grimé qui passait devant lui , il était impossible de ne pas deviner un homme méfiant , égoïste, qui employait la politesse comme l'art le plus adroit de tromper un ennemi. Dès-lors, toute reconnaissance se repliait sur elle-même.

— C'est le baron de Cervannes , répondit le commis de magasin à voix basse.

CHAPITRE XII

LE CANDIDAT ÉLECTORAL.

> - Tous les systèmes peuvent se donner
> carrière sur des terrains où l'erreur
> a été libre, même plus libre que la
> vérité. (P. Ventura.)

e baron de Cervannes! Ah! ah! quel trait de lumière! Maintenant je comprends mon personnage et pourquoi je lui plais.

— Monsieur Stalberg! mon parapluie attend, cria monsieur de Cervannes.

Adrien s'empressa d'accourir; d'abord il s'éleva entre eux une lutte toute bienveillante dans laquelle le parapluie passait alternativement de la main de son propriétaire dans celle de son obligé.

Adrien finit, comme le plus jeune et le plus grand, par obtenir de le conserver, tous deux s'éloignèrent. L'un boitinait en marchant, ce qui lui ôtait beaucoup de la dignité qu'il s'efforçait d'avoir, l'autre se dandinait en avançant, signe imperceptible auquel un observateur reconnaît à première vue un caractère moqueur et un peu léger.

— On vous voit rarement dans notre pays, monsieur Stalberg, dit le baron d'un ton doucereux.

— En vérité, monsieur le baron, j'y suis encore plus souvent que vous n'y êtes vous-même, mes études certainement m'ont retenu souvent à Paris, mais je ne passe jamais trois mois sans aller revoir Villefranche.

— Moi de même.

— Vraiment! je ne m'en doutais pas.

— Non, je reste dans ma solitude, je m'occupe de travaux utiles qui sont inconnus; comme on ne voit aucun mouvement autour de moi, les yeux ne se tournent pas de mon côté et personne alors ne remarque mes labeurs et mes actes de dévouement pour mon pays.

— Vous vous trompez, dit en riant le jeune homme, ils sont au contraire connus et jugés.

— Cela ne veut pas dire appréciés?

— A leur juste valeur, monsieur, n'en doutez pas.

La jambe du baron devint tellement raide qu'il la tira difficilement en avant, et cependant, sa lèvre inférieure couvrit sa lèvre supérieure d'une façon si subite qu'on aurait pu supposer qu'il éprouverait un grand soulagement s'il donnait un croc en jambe à son voisin.

C'était, il est vrai, une supposition peu chrétienne appuyée sur un indice bien faible, et comme les

gens bien élevés se contentent de renverser moralement ceux qui leur déplaisent, le baron continua
sur un ton courtois à insinuer au jeune homme qu'ils
ne voyaient pas à Villefranche les individus *d'un
même monde.*

Stalberg feignit de ne pas comprendre l'allusion,
il parla de sa famille très-nombreuse et très-in-
fluente dans le pays ; le baron lui apprit alors qu'il
était le candidat proposé par le gouvernement pour
les élections prochaines, il se lança par suite dans
de magnifiques phrases sur la législation et les in-
justices criantes de l'arbitraire.

Stalberg riait et se disait novice en ces sortes de
questions dont le nom seul l'épouvantait.

— Si vous veniez chez moi, je vous les explique-
rais si clairement que vous n'y verriez plus le moindre fantôme, dit le baron ; rien n'est plus facile, on
s'aperçoit au premier coup-d'œil combien les intérêts de notre pays sont mal placés ; j'agirai bien autrement si la confiance publique me délègue.

— Je suis convaincu, monsieur le baron, que
votre zèle égalera votre activité, répondit le jeune
homme en regardant malgré lui la jambe qui restait
toujours en arrière.

— Certes, je ne veux, ni ne pourrais corrompre
les habitants de Villefranche ; mais en leur faisant
entendre combien leurs entreprises industrielles,
agricoles, trouveraient d'appui dans mon dévouement....

— Tous comprendraient quelles grâces productrices doivent résulter de votre élévation.

Le baron s'arrêta pour jeter sur Adrien un regard scrutateur.

Ce regard était si peu aimable qu'il avait vraiment l'air de dire : voilà un mauvais drôle !

Cependant il reprit :

— Nous sommes devant chez moi, faites-moi l'honneur de venir partager une truite saumonée qui m'attend, nous causerons encore, monsieur Stalberg.

— Mille grâces, monsieur, j'ai déjà déjeûné.

— Qu'importe ! un verre de chambertin s'accepte toujours.

— « Malgré tout mon désir de répondre comme je puis à vos
[empressements,
» De rendre *offre* pour *offre* et *serments* pour *serments*, »
dit en riant Stalberg, je ne puis accepter, j'ai un manuscrit à corriger, à revoir.

— Mais justement, si vous deveniez auteur, je puis vous être fort utile par mes relations.

— Je n'oserais me lancer encore, reprit Adrien, je me rappelle trop bien cette phrase du *Misanthrope* :

Qu'il faut qu'un galant homme ait toujours grand empire
Sur les démangeaisons qui lui prennent d'écrire ;
Qu'il doit tenir la bride aux grands empressements
Qu'on a de faire éclat de tels amusements,
Et que par la chaleur de montrer ses ouvrages
On s'expose à jouer de mauvais personnages.

Monsieur de Cervannes parut fort peu satisfait. Il reprit d'un air maussade le parapluie que le jeune homme lui tendait, et, resté seul sur la porte de son hôtel, il serra les lèvres et fit de loin à Stalberg un geste peu amical. Celui-ci s'éloignait sans regarder en arrière.

Ensuite, à l'aide d'un coup sèchement donné, le baron ramena sa jambe rébelle en avant et rentra chez lui.

Il tenait à la main un livre bleu pareil à celui qu'Adrien emportait. Sur la couverture on lisait écrit : « Tout le monde est devant vous, mon Dieu, » comme ce petit grain qui donne à peine la moindre » inclinaison à la balance et comme une goutte de » la rosée du matin qui tombe sur la terre. »

(SAGESSE, 23.)

CHAPITRE XIII

ADRIEN STALBERG
ET CHRISTOPHE LAROZE.

—

> Apprenez où est la prudence, où est
> la force, où est l'intelligence, afin
> que vous sachiez en même temps
> où est la stabilité de la vie, où est
> la vraie nourriture, où est la lu-
> mière des yeux et la paix.
> (CARUCH, CH. III.)

orsque Adrien Stalberg avait quitté le baron de Cervannes, au lieu de retourner chez lui, comme il en avait témoigné l'intention, il s'était dirigé en toute hâte vers la rue de Lille, à l'hôtel de Bertray, et avait demandé monsieur Laroze.

Le concierge l'assura qu'il était malade et ne recevait pas ; mais sa femme, ayant dit qu'on recevrait peut-être, il tenta l'aventure et monta.

Christophe, toujours étendu sur son lit, toujours mécontent et même de plus en plus irrité, éprouva une espèce de commotion joyeuse lorsqu'il entendit la voix sonore de son jeune ami demander si on voulait l'introduire. Il ordonna qu'on le fît entrer.

Bénédicte fut stupéfaite de cette décision ; elle sortit de l'appartement pour prévenir le jeune homme qu'on allait le recevoir dans une chambre complètement obscure par suite des prescriptions du docteur, et après l'y avoir fait pénétrer et avoir également averti son père que monsieur Stalberg était près de lui, elle les laissa seuls.

— C'est donc vous, mon cher, murmura monsieur Laroze du fond de son sépulcre, vous venez voir un homme bien annullé.

Je ne suis pas de votre avis, répondit le jeune homme. Vous allez en avoir la preuve. Allons donc ! on vous désigne à Villefranche comme le candidat des prochaines élections.

Oui, on tient à choisir un homme voulant sérieusement les progrès du commerce, de l'agriculture, de l'industrie, et comprenant les droits individuels de la libre pensée.

Christophe se redressa vivement sur son lit malgré les défenses qui lui en étaient faites, il parla de l'inconséquence des hommes qui venaient aujourd'hui lui offrir un honneur qu'il avait brigué infructueusement dans un temps où il possédait toutes ses facultés morales et physiques, et il assura Stalberg qu'il repousserait maintenant cette proposition s'il ne se sentait un vif désir de faire de l'opposition au baron de Cervannes.

Évidemment, affirma-t-il, le baron se mettait en travers des progrès du siècle, il s'engageait en

outre à prévenir les envahissements des démago-
gues et flattait le clergé. Le baron était cependant
un homme sans convictions et sans principes, un
ambitieux qu'il fallait repousser à tout prix.

De plus il était noble ; ce mot seul réveillait la
haine de Christophe ; la noblesse pour lui n'était
qu'une caste arrogante tendant à ressusciter ses
anciens priviléges, il la condamnait tout entière en
s'appuyant sur quelques errements individuels.

Christophe parlait avec la satisfaction des hommes
de palais habitués à exagérer toutes choses pour
les besoins de la situation. Il exhala sa haine par une
tirade patriotique qui reflétait les passions politiques
de toute sa vie.

Si Stalberg avait pu ouvrir le livre bleu qu'il tenait
encore à la main, il eût trouvé de belles réponses à
lui faire ; mais il n'écoutait même pas, une autre
pensée le dominait et il cherchait comment il oserait
la soumettre à Christophe.

Celui-ci, affaibli par son régime et surexcité par
la circonstance, retombait sur son oreiller sans cesser
de déclamer.

— Je n'en puis plus, dit-il enfin, ma tête éclate ;
je souffre. Ah ! Bénédicte a raison, les combinaisons
d'une vaine gloire ne servent à rien en face de la
souffrance.

— Mademoiselle votre fille ne se trompe jamais,
murmura Stalberg.

— Oui, mon exaltation ressemble à de la fanfaron-

nade , poursuivit Christophe , Bénédicte en aurait
pitié.

— A son retour , elle expulsera l'ennemi, dit
Adrien , les femmes adoucissent tout autour
d'elles.

— Seriez-vous flatteur, Stalberg ?

— Non monsieur, je ne flatte pas , je parle franchement et simplement.

— Je l'espère , mais alors ne parlez plus de ma
fille ou vos visites chez moi deviendraient impossi-
bles, Bénédicte doit être ici comme si elle n'y était
pas. Comprenez-vous? Elle mérite trop de respects
pour attirer vos hommages et même vos réflexions
élogieuses ; regardez-la sans la voir désormais et
n'en parlez pas.

— Ceci me trouble d'autant plus , répondit le
jeune homme , que j'avais une proposition encore
plus sérieuse que la première à vous faire, et qu'elles
se rattachent l'une à l'autre plus que vous ne le
pouvez supposer.

Monsieur Laroze , fort surpris , l'encouragea à
s'expliquer.

Mais il lui fallut assez longtemps pour comprendre qu'une union entre la famille Laroze et la famille
Stalberg assurerait les succès de l'élection , les parents d'Adrien étant fort nombreux à Villefranche.
Après bien des hésitations, le jeune homme, prenant
son courage à deux mains , déclara formellement
qu'il se croirait heureux d'épouser Bénédicte , et

qu'avant même de la connaître, il avait souvent songé à la fille de l'ami de son père et souhaité de pouvoir lier sa destinée à la sienne.

Christophe fut interdit par cette demande en mariage lancée *ex abrupto*, mais sans la repousser, ni l'accepter, il fit remarqer au jeune homme que l'on devait commencer par poser les bases fondamentales de l'élection en écrivant un article dans les journaux, que l'on verrait ensuite quelles seraient les chances. Il ajouta aussi, en soupirant, qu'il fallait savoir s'il devait retrouver la vue.

Stalberg s'efforça de le consoler en lui donnant l'espoir qu'il retrouverait la vue; Christophe était loin d'être convaincu, mais néanmoins il envoya le jeune homme dans son cabinet de travail rédiger un projet d'article sur le zèle, le dévouement qu'il apporterait à la grande œuvre sociale, etc., etc.

CHAPITRE XIV

JEANNE ET TANTE MARIA.

Celui qui pique l'œil en tire des
larmes, celui qui pique le
cœur y excite des sentiments.
(ÉCCLÉSIASTIQUE, XXII.)

talberg passa donc dans le cabinet de travail de l'avocat où se trouvaient entassés des papiers et des livres.

Il venait de terminer ses études, mais les jeunes têtes saturées de science manquent souvent de jugement, et tout en ayant appris des choses compliquées, ils ne peuvent se rendre compte des choses simples.

Adrien fit comme les écoliers, il réunit dans sa pensée quelques phrases ronflantes qui devaient suppléer à la sagesse des raisonnements et s'avança vers le bureau pour les écrire. Un obstacle imprévu l'arrêta, il n'y avait plus d'encre dans l'encrier, de plus la porte du cabinet était entr'ouverte et dans le petit salon adjacent on entendait bourdonner plusieurs voix de femmes qui ne pouvaient que nuire au succès d'une rédaction.

Il s'arma de l'encrier et s'avança discrètement vers l'autre pièce, mais quand il eut ouvert la porte complètement, au lieu d'oser signaler sa présence par un salut ou une exclamation quelconque, il s'arrêta surpris.

Bénédicte, debout près d'une table, tournait le dos à Stalberg, elle déchirait alors un morceau de fine batiste dont elle voulait probablement faire des compresses pour les yeux de son père.

Elle faisait cette besogne distraitement, en s'interrompant sans cesse.

Une charmante jeune fille, petite, mince presque comme une enfant, lui arrachait des mains ce travail.

— Laissez-moi agir comme je l'ai promis à Gustave, s'écriait la jeune fille et n'avancez pas vos mains en signe de défense, tante Maria, je le lui ai promis, je le dirai.

— Mon enfant, reprit une dame coiffée avec des cheveux gris prétentieusement bouclés, vous ne devez rien dire d'inconséquent... Songez.

— Je songe à Bénédicte, je songe à Gustave et je songe à moi, reprit vivement la jeune fille, tous les trois nous sommes intéressés dans la question... Eh bien ! il faut que je le prévienne d'arriver ; je lui ai promis qu'il saurait tout.

— Vous êtes une enfant, dit tante Maria, Bénédicte qui a plus de sens doit être choquée de vos paroles.

— Bénédicte ! elle n'ose rien dire, mais elle souffre, elle a besoin de secours, qui donc viendra lui en apporter ?

— Nous, répondit tante Maria.

— Dieu ! murmura Bénédicte.

— Nous ! oh ! ma tante, ne dites pas cela, quel bien lui faites-vous donc avec vos conseils sévères, mais moi, Bénédicte, croyez-moi, je ne parle pas inconsidérément comme le laisse supposer ma tante, j'exprime la volonté de Gustave.

— Bénédicte sait bien qu'un devoir plus sérieux la réclame.

— Pourquoi répondre pour elle, ma tante? Tenez, elle pâlit; oh ! chère Bénédicte, votre cœur est-il donc oppressé ?

— C'est possible, murmura faiblement mademoiselle Laroze.

— C'est possible ! et cependant je suis là et cependant Gustave...

— Ne parlez plus de Gustave, Jeanne, dit sévèrement tante Maria, vous éveillez des espérances folles.

— Non, non, elles ne sont pas folles, mon frère ne serait pas content s'il vous entendait, méfiez-vous des conseils de ma tante, Bénédicte.

— Ils sont sages cependant, reprit Bénédicte en souriant tristement.

— Ils sont perfides, elle vous ferait rester vieille fille.

— Je ne vois pas ce qu'il y aurait de fatal , dit sèchement la tante.

— Ah ! l'isolement , le desséchement , l'égoïsme, répliqua la jeune étourdie !

— L'égoïsme ! que d'ingratitude , Jeanne ! répéta douloureusement tante Maria.

Dès que cette phrase fut prononcée, Stalberg vit la jeune fille entourer sa tante de ses bras et lui demander pardon.

Elle s'excusa avec tant de grâce que la vieille fille sourit et pardonna.

Il fut convenu entr'elles que l'on pouvait rester vieille fille et rester bonne ; mais Jeanne , tout en s'excusant , protestait encore par ses gestes. Elle allait et venait.

— J'aime tante Maria , disait-elle ; certainement elle est bonne , elle est dévouée ; mais les autres , celles qui restent dans le monde et qui deviennent ses ennemies acharnées , cherchant partout le mal et se montrant avides de le signaler !...

Un des mouvements rapides qu'elle exécutait en parlant, la plaça tout à coup devant la porte où Stalberg attendait , un encrier toujours à la main.

Elle poussa un cri et le désigna à Bénédicte, celle-ci rougit et tante Maria parut stupéfaite.

Ces dames, ainsi interrompues dans leur conversation , crurent devoir se retirer. Stalberg , fort décontenancé, expliqua gauchement sa présence à mademoiselle Laroze, il fut très-longtemps sans lui faire comprendre qu'il avait besoin d'encre et de papier.

CHAPITRE XV.

QUI EST-CE GUSTAVE.

Fondez votre or et votre argent
et faites une balance pour
peser vos paroles et un juste
frein pour retenir votre
bouche.
(ECCLÉSIASTIQUE, XXVIII).

Quand Adrien se vit pourvu de tout ce qui était nécessaire pour rédiger son article, il rentra dans le cabinet de travail de monsieur Laroze et se mit à écrire sur les libertés écroulées dont il fallait relever les ruines ; il dit qu'il se plaçait dans le calme de la retraite pour mieux peser les expressions qu'il allait livrer au public, il fit une longue phrase entortillée sur les devoirs dictés par la conscience ; puis tout-à-coup il rejeta avec impatience le commencement de ce beau grimoire destiné aux habitants de Villefranche et il épia le moment où Bénédicte sortirait de la chambre de son père ; quand il eut la certitude qu'elle était occupée à donner des ordres à une femme de service et que Christophe devait être seul, il courut frapper à sa porte et lui demander quelques minutes d'entretien.

— Avant d'écrire aucune circulaire , dit-il d'un ton embarrassé , j'ai réfléchi que nous n'avions pas consulté mademoiselle votre fille et que je ne pouvais sans son agrément m'engager vis-à-vis de vous.

— Comment cela, répondit impatiemment le malade ? Ma fille n'a rien à voir aux affaires politiques ; je n'ai pas l'habitude de la consulter.

— Cependant, répliqua Stalberg de plus en plus gêné pour s'expliquer, remarquez , veuillez faire attention que ce mariage entraîne entre nous une solidarité telle que...

— Qu'est-ce à dire , que diable une solidarité ! exclama Christophe , ne serais-je donc candidat qu'autant que le mariage aurait lieu ? *Sine qua non.*

— Je ne puis affirmer ce que penseraient nos électeurs dans le cas où vous refuseriez, mais...

— Je ne suis point engagé , cria Laroze , point engagé , mon cher, entendez-le bien , mais quand je le serai , si toutefois je dois l'être , rappelez-vous que ma fille obéira sans préambules ni explications.

— Vous en êtes sûr, Monsieur ?

— Qui donc en douterait ? Suis-je maître chez moi, oui ou non ?

— Peut-être oui, peut-être non , Monsieur.

— Parce que... Ah çà ! que veut-il dire ? mais il me rendra fou, ce garçon-là, avec ses réticences ; parlez donc, Stalberg, que signifient tant d'indécisions et de doutes subitement survenus ?

— Oh ! Monsieur, c'est si absurde de ma part qu'il vaut mieux ne pas s'appesantir sur ce sujet. Un mot seulement, connaissez-vous Gustave ?...

— Gustave ! tonna l'aveugle, que fait ici Gustave ?

— Ah ! vous le connaissez ?

— Oui, parbleu, et quand je le connaîtrais !

— Ne doit-il pas, ne veut-il pas épouser mademoiselle votre fille ?

— Jamais.

— Ah ! vraiment !

— Qui dit cela, quelqu'un a dit que Gustave épousait ma fille, parlez, Adrien, qui dit cela ?

— Personne, Monsieur, c'est une supposition de ma part, je croyais...

— Vous ne pouvez croire, jamais, vous dis-je, jamais. Ah ! il reparaît, Gustave ? Est-ce ici, où l'avez-vous vu ?

— Ne vous emportez pas, Monsieur, je ne l'ai ni vu ni entendu. Alors vous êtes bien sûr que mademoiselle Bénédicte le repousse ?

— C'est trop fort, Bénédicte n'a rien à voir là, ma fille ne se mariera pas contre mon gré, je suppose, je vous ai dit : jamais. Maintenant laissez-moi tranquille, écrivez votre article, ne l'écrivez pas, je m'en moque. Je serai aveugle d'ailleurs, je ne puis être éligible. Ne parlons donc pas davantage de tout cela, ma tête se brise.

— Un seul mot, et j'ai fini ; l'autre nom de ce Gustave, s'il vous plaît ?

· — Encore ! vous êtes exaspérant. Allez au diable, Stalberg, avec votre opiniâtreté ; je vous dis
que j'ai le sang à la tête ; mes yeux brûlent comme
des charbons ardents.

— Bénédicte, cria-t-il très-fort, apporte de la
glace et reviens ici.

Bénédicte accourut, Stalberg se retira aussitôt,
mais au lieu d'écrire l'article politique, il prit la
feuille de papier déjà barbouillée, la déchira en morceaux qu'il jeta dans le panier sous la table.

Ensuite il prit son chapeau, remit sous son bras
le volume des *Balances du bon Dieu* et descendit le
grand escalier de l'hôtel pour retourner chez lui. En
route, il répétait tout haut ces vers de Lamartine :

Oui, mon âme se plaît à secouer ses chaînes,
Déposant le fardeau des misères humaines,
Laissant errer mes sens dans ce monde des corps,
Au monde des esprits je monte sans efforts.

CHAPITRE XVI.

LES FIOLES RENVERSÉES

Je vous conseille d'acheter de
l'or éprouvé au feu pour vous
enrichir, des vêtements blancs
pour vous habiller et pour cacher votre nudité honteuse ,
et un collyre pour vous l'ap-
pliquer sur les yeux afin que
vous voyiez clair.
(ECCLÉSIASTIQUE, ch. III, 18.)

Bénédicte trouva son père dans un état
d'exaspération difficile à décrire , il
lui reprocha de l'avoir abandonné trop
longtemps , et de négliger les ordonnances qui pouvaient le guérir.

Après lui avoir mis de la glace sur les yeux ,
elle lui offrit différentes boissons recommandées
par le docteur, il les repoussa avec colère ; elle ap-
porta une potion calmante , il déclara qu'il préférait
du café noir.

Bénédicte s'empressa d'en faire servir ; il gronda
parce qu'il était bouillant ; on le fit refroidir , il le
trouva amer. Vite Bénédicte courut commander
qu'on en fît de nouveau ; celui-là parut trop léger ,
mal servi , fait sans goût ; décidément on ne soi-

gnait pas assez ce qui lui était destiné. On le traitait avec indifférence et les gens de bonne santé s'inquiètent fort peu, disait-il, de ceux qui souffrent.

Chaque reproche était accompagné de gestes, de soubresauts qui dérangaient les couvertures.

Une fois, deux fois, dix fois, Bénédicte ramassa un couvrepied de soie qui glissait du lit par terre à chaque brusque mouvement.

La dixième fois que Christophe sentit sa fille ramasser le couvrepied et le déposer sur son lit sans mot dire, il fut saisi d'un mouvement de rage, excitée probablement par cette patience qu'il n'avait pu lasser. Il prit le couvrepied, le frippa, le chiffonna, le tortilla, le tamponna dans ses mains crispées, puis le lança au hasard sur une table chargée de fioles et de liquides qui furent renversées les unes par dessus les autres et se brisèrent ensemble, laissant échapper un lac énorme de potions, de sirops, de collyres et d'infusions de toutes nuances.

Misère humaine, misère humaine, aurait-on pu lire dans le mystérieux livre bleu ! Les hommes qui veulent défendre les libertés et les puissances de l'esprit, ont-ils donc cette force que l'Écriture appelle *le poids* « poids de la gravité dans le monde physi- « que, poids de l'amour dans le monde moral. »

(Saint-Augustin.)

Oh ! misère humaine !

A tous ces actes d'emportements successifs, Bénédicte avait opposé un grand calme; cependant, lorsqu'elle entendit succéder au pêle-mêle de bouteilles brisées un petit clapotement de sirops qui égoutaient sur le tapis de la chambre, elle ne put retenir un gémissement et elle chercha des serviettes, des éponges pour parer à ce désastre, sans oser faire venir aucun domestique dont la présence aurait achevé d'exaspérer son père.

— Tu gémis, s'écria Christophe, tu gémis, je te conseille de te plaindre, es-tu malade, toi, fille sans courage ? es-tu menacée d'être aveugle, abandonnée ?

— Mon père, murmura-t-elle, de grâce, calmez-vous.

— Que je me calme, quand tu me trompes, quand tu cherches à m'échapper. Ah ! tu me proposais une sœur de charité, étais-je sot ! Je ne comprenais pas que tu avais besoin de m'habituer à une étrangère...

— Je ne vous comprends plus moi-même, mon père.

— Tu comprends trop pour ta conscience, tu veux dire. Où est-elle ta conscience ? Ce Dieu que tu invoques toujours apprend-il donc la dissimulation ? et vos prêtres enseignent-ils aux jeunes filles à soustraire leurs actes à la censure paternelle ?

— En vérité, reprit Bénédicte, cette sœur de charité devient plus essentielle que jamais ; vous avez raison, je ne puis plus ni vous soigner ni vous entendre. Expliquez-vous catégoriquement, mon père, et dites ce qui vous met tant en courroux.

— Vous le savez ! s'écria-t-il d'une voix de tonnerre. Gustave est ici.

Bénédicte tressaillit ; elle était alors penchée vers la table qu'elle cherchait à essuyer, mais elle laissa tomber la serviette dont elle se servait et elle se releva vivement.

— Est-ce tout, dit-elle d'une voix ferme ?

— Certes cela suffit.

— Non, répondit-elle froidement, car si vraiment c'est là ce qui vous mécontente, vous agissez sans motifs. Remettez-vous, mon père, Gustave n'y est pas.

Elle se posa près du lit avec un mouvement de fierté si noble qu'il était facile de juger l'injustice de l'accusation, mais l'obscurité régnait complète pour le malade : il ne vit pas sa fille et il ne comprit pas tout ce qu'elle comprimait de froissements douloureux.

— On en parle cependant, reprit-il avec emportement, pourquoi parle-t-on de lui ?

— On en parle fort peu et désormais on ne doit plus en parler, dit avec un accent profondément ému Bénédicte, laissez-vous donc soigner, mon père, et ne vous tourmentez plus davantage, votre rétablissement en serait retardé sans raisons légitimes.

Cette recommandation était puérile. Dire à un homme irrité de renoncer à tous motifs de colères, c'est toujours l'engager à s'y mettre de nouveau. Si Bénédicte avait eu plus d'expérience, elle aurait laissé passer le torrent sans entraves. Elle voulut au contraire jeter une digue, et dès-lors l'impatience, les plaintes recommencèrent sous une autre forme. Christophe s'emporta contre sa belle-sœur, la marquise de Bertray, convaincu, disait-il, qu'elle engageait sa fille à épouser Gustave. Bénédicte eut grand' peine à le détromper ; pour y parvenir, elle fut même obligée de raconter les propositions qui lui avaient été faites par sa tante relativement au baron de Cervannes.

Christophe éprouva une secrète satisfaction lorsqu'il sut que Bénédicte avait refusé le baron.

— Vous parlez comme un livre, dit-il, lorsqu'elle eut terminé son récit, et cependant, fille ingrate, si la manne la plus précieuse qui puisse tomber sur la terre est celle de la justice et du salut, pourquoi vous laissez-vous étourdir par d'autres genres de consolations ?

— Vous avez raison, dit tristement Bénédicte après quelques instants de silence où elle parut se recueillir, je m'éloigne de la vie que je me suis tracée : je manque de courage.

Oh ! mon père, ajouta la pauvre fille en prenant la main de Christophe, mon père, ayez pitié de moi, car je suis un être bien faible. Je sens continuellement en moi-même des luttes qui prouvent combien je suis une triste servante du Seigneur.

Mais je l'aime, et je vous aime, mon père, je ne vous trompe ni l'un ni l'autre et je veux vous servir tous les deux , l'un à cause de l'autre , et l'un par l'autre.

Écoutez-moi sans fiel , mon père , poursuivit-elle en serrant la main qu'il lui abandonnait sans essayer de la soustraire à son étreinte , si désormais vous me supportez sans aigreur , je vous promets de vous consacrer tout le reste de ma vie , de ne pas m'éloigner , de ne jamais vous quitter.

Christophe fit un mouvement pour se soulever.

— Tu renoncerais donc à te marier , dit-il d'un ton de voix adouci ; n'exagérons rien , Bénédicte , je n'exige rien de semblable. Renonce seulement à Gustave.

— Je renonce à *tous* , dit-elle d'une voix ferme , Gustave est le seul que j'aurais pu accepter.

— Eh bien ! soit , grommela Christophe ; moi , je ne puis accepter pour gendre un de ces nobles précipité par la vanité dans l'abaissement des sentiments politiques et religieux.

— Ainsi, qu'il n'en soit plus question , reprit Bénédicte , ne me parlez jamais de mariage , je ne me marierai pas.

— D'accord , dit presque gaîment le malade ; par ce sacrifice tu acquerras le droit de me prêcher à ton aise, mais en attendant que je sois assez calme pour écouter, renouvelons la glace sur mes yeux. Ils brûlent, ils brûlent de plus en plus.

CHAPITRE XVII

QU'IL REPARTE , QU'IL REPARTE !

> La maladie est un état insupportable à la nature, et c'est néanmoins un des plus puissants moyens dont Dieu se serve pour nous remettre dans le devoir.
>
> (SAINT-VINCENT DE PAUL.)

e livre bleu avait été abandonné sur un meuble de la chambre obscure de Christophe.

Il avait assisté à bien des scènes , il avait entendu Bénédicte dire à son père : Soyez plutôt aveugle de corps qu'aveugle d'esprit ; il avait entendu Stalberg chercher à ranimer l'ambition et les calculs humains de l'ancien avocat, il venait d'entendre enfin sa fille acheter le droit de lui parler du ciel en lui sacrifiant tout son avenir, et pendant qu'il entendait aussi nier les attributs divins de la foi par cet homme qui substituait toujours ses impressions naturelles aux lois religieuses, le livre bleu contenait cette belle page citée par saint Augustin :

« O lumière que voyait Tobie , lorsque , tout » privé qu'il était du corps, il indiquait à son fils le

» chemin de la vie et, soutenu de l'inébranlable ap-
» pui de la charité, y marchait lui-même devant lui
» sans jamais s'égarer (1).

» O lumière que voyait Isaac lorsque, la vieillesse
» ayant obscurci et voilé sa vue charnelle, il sut con-
» naître ses enfants qu'il bénissait alors même
» qu'il les bénissait sans les connaître (2).

» O lumière que voyait Jacob lorsque, la multitude
» des années ayant aussi éteint ses regards, elle fit
» briller ses rayons dans son cœur et révéla devant
» lui les peuples sans nombre qui devaient naître de
» ses enfants. »

Mais si le livre bleu contenait de si belles pensées,
Bénédicte seule les lisait, et Christophe les aurait-il
lues, il ne les eût pas comprises, parce que l'intelligence suprême des choses éminemment religieuses ne se développe nullement avec les progrès scien-
tifiques de l'éducation et n'existe jamais au milieu
des courants d'orgueil dont les sociétés modernes
sont littéralement inondées.

Il en résulte que les hommes qui nous parlent pompeusement des magnificences de la nature, ne savent
pas même voir les clartés d'ici-bas. Ils prononcent
avec raillerie le mot de mysticisme et appellent ainsi
tout ce que leurs yeux voilés ne peuvent distinguer.

Mais Bénédicte voyait plus loin, elle n'était cependant ni aussi instruite, ni aussi éloquente, ni aussi

(1) Tobie, 4, 2.
(2) Genèse, 27.

intelligente que son père au point de vue des facultés;
mais elle avait ce sens mystérieux qui fait distinguer
la vérité au milieu des différents systèmes philosophiques et matérialistes qui surgissent de toute part à notre
époque ; aussi n'hésitait-elle pas à sacrifier l'inclination secrète de son cœur pour conserver à son père
son dévouement , tandis que lui, tout en s'appuyant
sur les puériles élévations de ses œuvres, de ses études et de ses désirs de réformes, n'avait, hélas !
en face de la vie qui lui devenait amère, que la haine
pour les hommes , que des fureurs intérieures
mal contenues , que des révoltes dans l'âme qui se
traduisaient en plaintes, en emportements , en actes
d'égoïsme.

Bénédicte avait donc profité du premier moment
de sommeil de son père pour emporter son livre
bleu dans la chambre voisine et se remettre à lire ;
mais sa lecture fut souvent interrompue par ses pro-
pres pensées ; sa soumission , quoique complète,
ne se pliait qu'avec peine devant l'avenir qu'elle entrevoyait , et plus d'une fois elle s'écria :

Mon Dieu, le voulez-vous réellement !

— Non, non , répondit tout-à-coup la voix mutine de Jeanne de Grival. Et cette jeune fille , j'allais
dire cette enfant, tant il y avait de fraîcheur et de ma-
nifestations juvéniles en elle , entra inopinément dans
la chambre , entoura son amie de ses deux bras ,
lui mit ensuite la main sur les yeux et demanda : Qui
vous aime , Bénédicte ?

— C'est facile à deviner, répondit Bénédicte, souriant malgré sa tristesse de cette douce surprise.

— Celle qui m'aime et me console toujours , c'est ma gentille Jeanne.

— Mais ce qui est plus difficile à deviner alors, c'est le nom de celui qui vient d'arriver en bas, reprit malignement la jeune fille.

— Je le sais aussi, c'est le curé de Villefranche , dit mademoiselle Laroze , il est depuis hier à Paris et il m'a écrit.

— Un autre encore , un autre aussi , dit sur un ton de joie progressive la gracieuse Jeanne. Le saviez-vous , celui-là ?

Bénédicte devint pâle , ses lèvres s'agitèrent convulsivement avant qu'elle pût parler , mais cependant elle se leva , repoussa doucement la jeune fille et faisant un geste plein d'autorité , elle dit en désignant la chambre de son père :

— Pas un mot de plus , Jeanne , surtout ne nommez personne.

La jeune fille resta stupéfaite de l'effet qu'elle avait produit.

—Comment , dit-elle en regardant autour d'elle avec étonnement , que craignez-vous donc ?

— Tout, si vous parlez davantage.

— Si je parle ! il ne m'est plus permis de parler à ma cousine , à ma seule amie.

— Si , enfant , seulement ne parlez que de vous, dit Bénédicte d'une voix étouffée.

— Et son nom est proscrit , le nom de...

— Oui , Bénédicte fit un signe de tête affirmatif.

— Oh ! c'est trop fort , poursuivit Jeanne en frappant de son petit pied sur un coussin qu'elle repoussa loin d'elle. C'est trop fort , tout le monde conspire contre moi : tante Maria semble ne m'aborder qu'avec une arme à deux tranchants ; ma tante de Bertray parle de mademoiselle de Thiarre comme d'une merveille qui doit apporter prospérité. bonheur , et vous laisserez faire cela ! et vous, ma Bénédicte, qui n'avez qu'un mot à dire pour que ce ne puisse être , vous n'allez pas vous liguer avec moi pour l'empêcher ?

Oh ! soyez ma sœur , poursuivit la charmante enfant en se rapprochant de Bénédicte et l'enlaçant de nouveau dans ses bras , je me corrigerai de tous mes défauts quand vous et lui me les reprocherez. Je deviendrai pieuse pour vous plaire et surtout pour remercier Dieu.

Bénédicte détourna la tête pour cacher son émotion et dit tout bas :

— N'y pensons plus , Jeanne , plus jamais.

— Impossible , cria la pétulante jeune fille , les choses ne peuvent se terminer ainsi , sans explications , sans regrets. — Pas même *son nom*... Impossible , Bénédicte.

— Ne m'accusez pas , murmura Bénédicte , je ne suis pas ingrate... envers vous , je dois agir ainsi , je l'ai promis , ajouta-t-elle plus résolument pour terminer la lutte.

— Promis ! Votre père l'aurait fait promettre ; comment ! il pousse assez loin son aversion contre nous pour refuser votre bonheur sans nous entendre ! Ce n'est pas possible , vous dis-je , il faut que je le voie ; quelque dur qu'il soit , je l'attendrirai ce rocher. Il n'aura pas la barbarie de me mettre à la porte.

— Quelle folie ! dit avec épouvante Bénédicte en voyant la jeune fille entrer d'un pas résolu dans le cabinet de travail qui précédait la chambre de son père , n'entrez pas , Jeanne.

Elle courut se placer devant la porte.

— Mon père dort , dit-elle plus bas , mais serait-il réveillé , n'allez pas l'entretenir de choses qui l'irritent plus que jamais.

— Ne dites pas cela , votre père doit vous aimer ; tout le monde vous aime , il ne peut s'irriter parce que...

— Taisez-vous , taisez-vous , Jeanne.

— Mais c'est intolérable , s'écria la jeune étourdie en éludant les efforts que faisait sa cousine pour l'éloigner de la porte de Christophe. J'ai une mission à remplir ; je suis montée en promettant de rapporter une réponse, je la rapporterai.

— Ce n'est pas le moment ; cédez , Jeanne.

— Il le faut ; puisqu'il n'y à rien à faire de vous , je veux parler à mon cousin Christophe.

Mon cousin , permettez-moi d'entrer.

— Que veut dire ce bruit , cria de sa voix formidable monsieur Laroze ?

Ne peut-on respecter mon sommeil , et faut-il que les femmes viennent ainsi me troubler jusque sur le seuil de mon appartement !

Jeanne s'arrêta toute tremblante.

— Ah ! mon Dieu , murmura-t-elle en se retirant en arrière , le moment n'est pas favorable , il est furieux.

— Répondra-t-on enfin, vociféra Christophe ? Qui est là ?

Bénédicte fit signe de la main à sa cousine de s'éloigner , ensuite elle ouvrit doucement la porte et elle allait s'avancer pour faire des excuses à son père quand un nouveau personnage très-impatiemment réclamé par le malade apparut à l'autre extrémité de l'appartement , traversant l'antichambre.

— Le docteur ! mon père , voilà enfin le docteur ! s'écria Bénédicte.

— C'est lui qui fait ce bruit , qu'il entre donc au lieu de rester à causer avec toi ; je l'attends depuis si longtemps.

— Hélas ! dit Jeanne tout bas en tirant Bénédicte par sa robe , en resterons- nous là ? Que vais-je dire à Gustave ?

— Qu'il reparte , murmura très-vite Bénédicte , qu'il reparte.

— Jeanne , laissez donc passer le docteur , continua-t-elle en forçant la jeune fille à se déranger , mon père le réclame avec anxiété.

— Oui , Jeanne , poursuivit-t-elle en se penchant

vers elle quand le docteur fut passé , tout est fini...
dites à Gustave qu'il reparte. Adieu , Jeanne.

Elle entra dans la chambre à la suite du docteur
en lançant à sa jeune cousine un regard doux et
triste.

Mademoiselle de Grival , restée seule , prit son
front à deux mains comme pour chercher un nouvel expédient , puis ne voyant pas revenir sa cousine , elle disparut à son tour.

CHAPITRE XVIII

EST-IL AVEUGLE ?...

Cette raison superbe , insuffisant flambeau ,
S'éteint comme la vie aux portes du tombeau.
Viens donc la remplacer, ô céleste lumière !
Viens d'un jour sans nuage inonder ma paupière ,
Tiens-moi lieu du soleil que je ne dois plus voir,
Et brille à l'horizon comme l'astre du soir.

(LAMARTINE.)

e docteur avait jeté un coup d'œil rapide sur la jeune fille qui obstruait si obstinément la porte de son malade lorsqu'il voulait y passer.

— C'est mademoiselle de Grival ? dit-il à Bénédicte lorsqu'il eut pénétré dans la chambre.

— C'est elle , répondit d'un air abattu mademoiselle Laroze , en écartant les rideaux et les volets de la fenêtre pour laisser pénétrer un peu de jour.

— Que de vivacité , d'esprit et de bonté dans sa physionomie , poursuivit le docteur ! Son frère lui ressemble-t-il ?

— Qu'importe ? dit impatiemment Christophe. Allez-vous encore vous inquiéter de ces Grival au

lieu de songer à moi , docteur ? Je souffre horriblement , je vous en avertis , et j'endure peu la contrariété.

— Allons , dit le docteur en s'approchant du lit
et se baissant pour examiner le malade, je vois d'ici
que vous n'obéissez pas à mon ordonnance : j'ai dit
du calme , de la gaîté , et surtout bon espoir.

— Vous me traitez comme un enfant , dit Christophe ; mais on ne fait pas sourire un homme à
volonté ; je me rends trop compte de ma position
pour espérer et être calme.

— Gardez-vous de penser ainsi , songez plutôt à
l'avenir qu'on vous propose , et malgré les passions qui soufflent , guérissez-vous vite pour lutter,
monsieur.

— De la politique , des affaires , dit impatiemment Laroze ; ce fou de Stalberg n'était-il pas venu
me persuader que je pouvais encore y jouer mon
rôle !

Un instant j'ai failli donner dans le piége , j'éprou-
vais une certaine satisfaction à combattre le baron
de Cervannes...

— Et monsieur de Grival , dit l'oculiste.

Christophe , très-surpris , demanda une explication. L'oculiste lui raconta que le baron n'était pas
regardé à Villefranche comme un candidat sérieux ,
tandis que le nom de Gustave de Grival , lancé par
une famille influente du pays , avait déjà soulevé
de chaudes discussions : les uns l'acceptaient avec
enthousiasme , d'autres avec terreur.

— Le nom de Grival me poursuivra donc partout, dit Christophe. Il ne peut être question de rien dans ma vie sans qu'ils apparaissent immédiatement.

Le docteur était de Villefranche et recevait souvent des lettres de son pays. Il raconta que les de Thiarre, gens riches, considérés dans l'arrondissement, étaient les premiers instigateurs de cette conspiration électorale ; il finit en déclarant que la marquise de Bertray avait eu la pensée d'assurer la nomination de son neveu en lui faisant épouser l'héritière unique de cette famille si bien disposée en sa faveur, et que les choses marchaient à merveille. Madame et mademoiselle de Thiarre se trouvaient justement à Paris tandis que monsieur de Thiarre agissait chez lui et autour de lui. Tout concourait donc au mariage et à l'élection.

Ce pauvre docteur ne se doutait guère de l'effet que produisaient ses paroles, il croyait aiguiser un peu l'ambition de Christophe et l'entendre déclarer qu'il voulait guérir à tout prix pour renverser ensuite de si beaux projets.

Il fut surpris de voir au contraire monsieur Laroze approuver le nouveau choix des habitants de Villefranche et de l'entendre affirmer que le mariage projeté avec mademoiselle de Thiarre était convenable en tous points.

N'obtenant rien de plus personnel, il changea de sujet de conversation, puis il enjoignit au malade

de rester encore quinze jours étendu dans l'obscurité. A ces mots, monsieur Laroze arracha violemment les rideaux de son lit, se dressa sur son
séant et déclara qu'il ne se soumettrait pas plus
longtemps à un supplice inutile.

— Vous voulez donc rester aveugle, s'écria le
docteur ?

— Cesserai-je vraiment de l'être, dit Christophe ?
Je ne le crois pas, vous-même ne pouvez le croire,
depuis six mois que vous me soignez en vain.
Au reste, ajouta-t-il d'un ton ironique, Bénédicte
prétend que je ne retrouverai qu'à ce prix la liberté
de l'esprit : elle se dégage des voiles épais, dit-on
dans les livres mystiques qu'elle consulte.

— Mademoiselle votre fille ne peut vous condamner
à un éternel malheur, reprit le docteur étonné ;
songez plutôt à la lutte électorale qui se prépare, et
dites-vous que votre rôle n'est pas fini.

— Encore ! docteur, ne me parlez plus de jouer
avec le feu pour me faire oublier mes brûlures.
Quand la volonté est puissante, on peut s'enchaîner
à la défense des hommes, mais la servitude de ma
position me révèle que je dois tout céder.

Le docteur fit un pas vers la porte avec impatience ; arrivé là, il se retourna cependant.

— Je ne puis m'en aller sans vous voir plus
raisonnable, dit-il. Un homme qui se décourage ne
guérit jamais ; celui qui veut guérir l'est au contraire
déjà à moitié, montrez plus d'énergie, monsieur.

Hier vous bâtissiez des monuments , aurait-on dit , aujourd'hui vous ne portez plus une paille. Que signifie cette faiblesse ?

— Elle signifie que vous ne savez ni me guérir , ni me soulager , que vous venez me parler de travailler pour la société , d'assurer sa liberté, comme on dit à un enfant de bâtir une ville avec des maisons de carton et des arbres de fer blanc.

Ah ! ah ! la liberté ! Elle est bien restreinte la liberté de l'homme , vous n'avez pas même celle de me rendre la lumière, vous !

— Cessez donc tout traitement , s'écria l'oculiste furieux à son tour , vraiment il ne vous reste plus qu'à vous faire chartreux , jésuite ou capucin.

— Qui sait ! murmura Bénédicte , au lieu d'une lettre morte, il y aurait peut-être enfin vie nouvelle.

Le docteur se retourna vers elle, adoucit son regard comme il le faisait toujours chaque fois qu'elle apparaissait ; puis il secoua la tête.

—Prenez garde , dit-il , prenez garde , ne tombez pas dans le mysticisme, mademoiselle, vous êtes trop jeune encore pour qu'il soit sans danger. Quant à votre père , ajouta-t-il en s'éloignant , j'ai peur qu'il ne se frappe lui-même de la peine du talion : aveuglement contre aveuglement.

Pendant ce temps le livre bleu , témoin de cette scène , renfermait ce passage :

6.

« Ce mysticisme dont les gens du monde parlent
» toujours et qu'ils ne devinent jamais , est pourtant
» cette lumière qui *luit dans les ténèbres* dont parle
» l'Evangile , c'est cette compréhension , cette con-
» naissance d'un ami inconnu dont la demeure est
» en nous-même , dont la parole, dont les cares-
» ses , dont les encouragements sont en nous-
» même ; ami qui ne se dépeint , dont la voix ne
» s'entend , ni à l'aide de la civilisation ni avec des
» hypothèses mathématiques , mais qui enrichit de
» sentiments aussi simples que sublimes , ceux qui
» l'aiment, parce qu'il est tout à la fois l'ange de la
» prière et l'envoyé de Jésus-Christ ; parce qu'il dit
» avec lui : « *Que celui-là comprenne, qui peut com-*
» *prendre.* »

CHAPITRE XIX

Je répandrai mon âme au seuil du sanctuaire.
Seigneur, dans ton nom seul je mettrai mon espoir,
Mes cris t'éveilleront et mon humble prière
S'élèvera vers toi comme l'encens du soir.

(LAMARTINE).

Non certainement, dit Christophe aussitôt que le docteur eut disparu, non, je ne poursuivrai pas un traitement inutile, je ne veux pas davantage livrer mon nom pour faire de l'opposition électorale. J'ai assez lutté avec les hommes et avec les choses, l'heure du rafraîchissement doit sonner, je veux me lever et sortir, Bénédicte. Mon traitement se termine, il est terminé, je vais me lever.

— Sortir, répondit avec effroi sa fille, mais vous ne pourrez marcher et vous soutenir après tant de jours de souffrances et d'affaiblissement.

— Je veux sortir, cria le malade avec l'opiniâtreté d'un enfant gâté auquel rien ne se refuse. Je veux de l'air; j'ai obéi assez longtemps, il faut qu'on m'obéisse.

Bénédicte comprit qu'elle ne pouvait résister : elle laissa son père se lever ; mais comme elle avait prévu qu'il manquerait de force pour se soutenir, elle fit ouvrir le balcon de la pièce adjacente, y fit organiser une espèce de tente et placer un fauteuil. Le malade eut grand peine à arriver jusque-là et ne réclama pas une plus longue promenade. Mais il fut satisfait d'avoir changé de place et il s'adoucit quand il fut installé dans cette petite retraite ; il parla plus posément de l'inefficacité des remèdes, il forma de nouveau le projet de ne pas poursuivre son traitement ; mais il le fit sans colère, il avait plutôt l'air de consulter sa fille que de chercher à l'affliger.

Bénédicte ne savait trop que répondre. Le docteur l'avait prévenue en partant qu'il n'espérait plus rien d'heureux, l'état d'agitation, d'emportement de monsieur Laroze venant toujours détruire toutes les améliorations obtenues.

— Je suis aveugle, lui dit son péré d'une voix creuse, tu l'as désiré et Dieu comble les souhaits.

— Oh ! mon père, s'écria-t-elle tout en larmes en saisissant la main de Christophe qu'elle porta à ses lèvres, je n'ai jamais désiré que vous fussiez aveugle, mais j'ai préféré encore l'aveuglement du corps à celui de l'esprit.

— Eh bien ! fais jaillir la lumière, répondit-il avec sarcasme, les yeux sont éteints comme tu l'as demandé.

Maintenant, où sont-elles ces vérités qui vont me tenir lieu du monde entier que je ne reverrai plus, du soleil qui dorait toute chose , des fleurs qui me charmaient, des livres qui me distrayaient , et de toi, de toi-même , Bénédicte , car enfin , ajouta-t-il plus bas , j'aimais à voir ton visage si semblable à celui de ta mère , quoique vous n'ayez jamais été l'une et l'autre près de moi que les images d'une société ennemie et de sentiments oppresseurs.

Bénédicte vint s'asseoir sur le tabouret posé aux pieds de son père , elle appuya sa tête sur un de ses genoux , et le forçant à passer un de ses doigts sur son visage pour en mesurer les lignes , elle dit :

— Ce visage que vous aimiez à voir est bien amaigri , bien pâle depuis que vous souffrez , et cependant vous l'accusez de se parer et de s'embellir pour d'autres que pour vous.

Vous souvenez-vous que vous disiez aussi à ma mère qu'elle cherchait à vivre dans un monde imaginaire qui n'était pas le vôtre ? Le monde, répondit-elle, d'un côté entasse des poids excessifs qu'il prend pour des trésors et ces trésors l'entraînent au fond de l'abîme.

En regard du côté que vous refusez de considérer, il y a des grâces qui rayonnent comme des soleils sur les âmes , et qui les éclairent et les consolent. Ce monde est celui que je choisis et que je désigne à Bénédicte ; elle y trouvera la résignation.

Ce mot froissa Christophe ; peut-être lui rappelait-il combien la malheureuse femme dont-on évoquait le souvenir, avait eu besoin de résignation près de lui.

Il s'agita convulsivement et Bénédicte se rejeta en arrière.

— Je suis aveugle, dit-il, voyons donc maintenant si elle m'enverra de là-haut cette seconde vue protectrice.

— Oh ! je l'espère, dit doucement Bénédicte.

— Tu dois en être sûre, puisque tu as proposé, en échange de mes erreurs, de donner ton dévouement, ajouta-t-il avec amertume. Tu ne savais peut-être pas quelle vie tu acceptais près d'un aveugle.

— Je le savais, murmura Bénédicte.

— Et savais-tu également alors que Gustave allait se marier ?

Bénédicte fut au moment de répondre : je n'en crois pas un mot ; elle suspendit sa phrase une seconde et répondit simplement :

— Non, mon père, je ne le savais pas.

— Puisqu'il en est ainsi et qu'on veut le marier à mademoiselle de Thiarre, poursuivit Christophe, peu m'importe qu'il soit député, je ne tiens pas à lui faire d'opposition, il ne sera jamais mon gendre : cela me suffit.

Bénédicte ne répondit pas.

— Que l'air fait de bien, dit l'infirme en étendant ses membres engourdis, et que je serais mieux à Villefranche dans ma petite maison que dans ce Paris bruyant, à un troisième étage, maintenant surtout que je ne puis plus m'occuper d'affaires. A quoi bon rester ici !

— Votre maison sera libre dans deux mois, dit Bénédicte. En attendant, si vous désirez retourner à Villefranche, nous pourrons en louer une autre.

— Tu y retournerais donc volontiers ?

— J'irai où vous serez bien, répondit-elle tristement en éludant la question.

Christophe n'ajouta rien, il avait peut-être espéré que sa fille l'engagerait à poursuivre son traitement et à ne pas s'éloigner de l'oculiste.

Son aquiescement si prompt lui prouva qu'elle avait perdu tout espoir. Il croisa ses bras, appuya sa tête sur sa poitrine et ne prononça plus un mot

CHAPITRE XX

LA MARQUISE CHEZ LE BARON.

> La providence n'a pas permis que les rapports sociaux se balançassent comme l'acte et le passif d'un commerce bien conduit, que les affaires de l'humanité fussent réglées comme un livre en partie double.
>
> (OZANAM.)

Le baron de Cervannes avait aussi son volume *des Balances du bon Dieu*. Nous le savons, puisqu'il l'avait acheté en même temps que Stalberg ; mais ce livre devait se trouver singulièrement entouré sur une table chargée de chinoiseries et de bronzes ; les pages du volume avaient toutes été tranchées à l'aide d'un élégant couteau laissé dans le milieu du volume probablement à dessein, et le titre mis en évidence annonçait encore plus de préméditation.

Le baron contemplait avec satisfaction l'effet que produisait ce petit arrangement, lorsque le bruit d'une étoffe de soie frôlant les murs et les tapis, vint l'arracher à ses profondes pensées.

Une dame était entrée dans son salon ; derrière elle retentissait le nom de la marquise de Bertray.

— Mon cher ami , cria-t-elle de la porte , quoiqu'on dise qu'il est bon goût aujourd'hui d'entrer
sans se faire annoncer , je crois moi qu'il est de
meilleur goût encore , quand on va chez un garçon,
de ne pas entrer incognito ; aussi ai-je prié votre
Frontin , comment l'appelez-vous? de ne pas vous
laisser d'indécision à mon égard.

— Je ne saurais en avoir , madame la marquise,
je vous reconnaîtrais entre dix mille.

— Ah ! ah ! vous me dites cela , mais quand la
porte s'est ouverte et que vous avez entendu ce
cliquetis de la soie ferme , que vous avez vu apparaître toutes mes dentelles protectrices qui dissimu-
lent si bien et mes traits et ma taille..., hein , hein !
qu'avez-vous pensé ?

— Je me suis demandé qu'est-ce qui me procurait
le bonheur de vous recevoir , madame.

— Allons! dites l'honneur et non le bonheur ,
atroce esclave de la flatterie ; je ne puis ignorer
que le temps où ma présence embellissait un salon ,
soit bien loin en arrière.

— Madame , avouez que si vous aviez vingt ans
de moins...

— Je troublerais davantage votre sang-froid
superbe et j'aurais moins besoin de m'asseoir. Un
fauteuil , baron , vite un fauteuil , votre escalier est
horriblement raide.

Le baron s'empressa d'avancer un siége dans
lequel la vieille dame se laissa tomber en toussant ;

il attendit avec patience que la crise fût passée, mais alors il retourna la tête vivement.

Peut-être le baron avait-il cette aversion particulière à certaine nature pour tous les genres d'expectoration ; aussi , malgré le soin délicat avec lequel la marquise tenait son mouchoir sur sa bouche , il put si peu contenir son invincible dégoût qu'il se leva et fut , en boitillant , regarder quelques minutes à la fenêtre.

— Vous attendez quelqu'un , dit-elle , quand tous les petits accidents qu'elle pouvait déplorer furent calmés ?

— Effectivement , reprit monsieur de Cervannes , je comptais ce matin sur une visite.

— Qui n'était pas la mienne probablement; raison de plus pour que je me hâte de vous expliquer pourquoi je suis venue , mon cher ami : il faut absolument que je sache si vous pensez encore à ma nièce , ou si vous y renoncez.

— Je ne vois pas , madame , qu'il y ait lieu à si grand empressement.

— Vous vous croyez assez jeune pour attendre, baron.... Pourtant un homme plus jeune encore voudrait épouser Bénédicte et vous supplanter.

— Monsieur Stalberg , dit le baron d'un ton goguenard.

— Stalberg ! qui est-ce ! Non pas , je ne connais pas l'individu que vous nommez, celui dont je parle est Gustave de Grival , mon petit-cousin, mon neveu à la mode de Bretagne.

— Que vous cherchez à marier à mademoiselle de Thiarre.

— Comment savez-vous cela ?

— Je le sais parfaitement, et pour plusieurs raisons ; or donc, si j'épousais Bénédicte, cela vous irait à merveille, votre nièce serait baronne, votre neveu deviendrait riche propriétaire et député.

— Admettons qu'il m'aille à merveille que ma nièce porte votre nom : il me semble que vous ne pouvez qu'en être flatté ; quant à Gustave, il ne paraît nullement disposé à vous la céder pour mademoiselle de Thiarre.

— Vous vous trompez, Madame, il épousera cette dernière.

— Dieu vous entende, mais on ne l'amène pas facilement à céder, vous ne vous rappelez peut-être pas quel genre d'homme est Gustave.

— Parfaitement, il a des moustaches menaçantes, le regard sévère, les formes rudes.

— Il est remarquablement courageux et intelligent.

— Bah ! marquise, ces mérites, joints à la brutalité d'un soldat, ne peuvent constituer la distinction.

— Il est cependant distingué, mon cher ; il l'est, il expose ses doctrines un peu sévères peut-être avec des images brillantes, chaleureuses, parfois même poétiques ; mais il ne prodigue pas ses trésors à ceux qu'il n'en croit pas dignes, et il se contente de laisser bourdonner la ruche des mondains sans céder à volonté ou répondre à chaque coup d'aiguillon dirigé de son côté.

— Il aurait dû se faire jésuite, votre neveu.

— Le fait est, baron, que son langage rappelle davantage les sentiments de l'âme chrétienne que la vie des camps, et pourtant il est excellent officier ; mais vous ne pouvez pas comprendre, avouez-le, cette alliance du dogme, de la morale et des fonctions militaires.

— Je suis d'un temps où les démons faisaient leur cuisine chez eux sans qu'on ait besoin d'y joindre la lecture du bréviaire.

— Ah ! baron, en sommes-nous là ! Que fait donc chez vous ce livre *des Balances du bon Dieu*, s'il ne vous apprend pas que les misères du temps passé ont préparé les richesses du temps présent, et que cette purification des temps a permis, tandis qu'on reconstruisait ce qui était démoli, qu'on apprît à concilier ses croyances et ses devoirs !

Le baron n'écoutait pas.

— Madame, au milieu de tout ce beau roman, il y a un troisième personnage, dit-il.

— Je ne vous comprends pas.

— Stalberg, vous ai-je dit tout-à-l'heure....

— Eh bien ! après?

— Il est l'intime des Laroze, il y va continuellement. Qu'en faisons-nous de celui-là ?

— Impossible, Esther me l'aurait dit.

— Esther est une fine mouche, et cependant il est des choses qui lui échappent.

— Allons donc !

— C'est comme j'ai l'honneur de vous le dire. Sait-elle , par exemple , que ce jeune homme se vantait hier avec une outrecuidance inouïe d'avoir lu chez mademoiselle Bénédicte ce volume resté dernièrement sur votre cheminée : *Les Balances du bon Dieu.*

— Vous me confondez , Cervannes. Probablement la marquise appelait ainsi le baron quand elle était fort émue , car il parut satisfait , il frotta ses mains osseuses l'une contre l'autre en poursuivant :

— Ah ! ah ! votre sainte se déniche , il y en a plus d'une dans le même cas , ces vertus invincibles ne doivent pas être vues de trop près.

— Enfin expliquez-vous. Qui est-ce Stalberg ?

— Tout ce que vous voudrez : l'ami , le commensal de mes gens à Villefranche.

— Alors peut-être est-il le fermier, le factotum...

— De monsieur Laroze ; charmant en vérité , charmant.

Le baron fit un rire aigu comme toutes les notes forcées ; mais il fut interrompu par son valet de chambre qui annonça d'une voix sonore , tout en se rangeant pour laisser entrer :

— Monsieur le curé de Villefranche.

CHAPITRE XXI

QUE VEUT DIRE ESAU ?

Malheureux, laisse en paix ton cheval vieillissant,
De peur que tout-à-coup efflanqué , sans haleine ,
Il ne laisse en tombant son maître sur l'arène.
(BOILEAU.)

e baron se leva précipitamment et s'avança vers le curé qu'il salua avec toutes les marques d'un profond respect ; il le remercia beaucoup d'être venu le trouver et répéta plusieurs fois, tout en regardant la marquise, qu'il avait les choses les plus curieuses et les plus secrètes à lui communiquer ; mais la marquise ne parut nullement comprendre qu'on désirait son départ. Elle se retourna même fort gracieusement vers le curé et lui adressa la parole ; elle l'assura qu'il avait dû faire autrefois ses études à Saint-Sulpice avec bon nombre d'ecclésiastiques de sa connaissance , et elle fit de chacun d'entre eux des portraits pleins d'originalité et d'esprit.

Le curé souriait tout en examinant avec attention la vieille dame si animée dans ses paroles, si expressive dans tous ses gestes ; elle finit par se nommer et lui prouver qu'il devait la connaître depuis longtemps. Il avoua qu'effectivement il entendait souvent parler d'elle , mais il resta dans les bornes d'une politesse froide et plus d'une fois même il regarda la pendule comme s'il avait hâte de terminer l'entretien et de repartir.

Le baron était moins patient que son visiteur. Debout devant la cheminée, il frappait le garde-cendres à petits coups réguliers, avec la pointe de sa bottine. Il finit par engager le curé à partager avec lui la fameuse truite saumonée refusée par Stalberg: c'était dire à la marquise qu'il n'avait pas déjeuné, elle n'y fit nulle attention ; quant au curé, il ne voulut rien accepter. Ce fut lui qui aborda enfin les grandes questions annoncées par le baron dès le début de la visite ; il prévint poliment que ses moments étaient comptés, qu'il désirait savoir sur quel sujet monsieur de Cervannes avait à l'entretenir, et pourquoi il l'avait fait prier de passer chez lui.

La marquise aurait dû voir avec quel malaise le baron la regarda avant de répondre ; mais son grand âge, dont elle se défendait souvent, lui servait en certains cas de prétexte pour ne pas voir ou ne pas entendre. Elle attendit donc , et bon gré mal gré , le baron fut obligé d'aborder une question brûlante : c'était celle de son élection ; il voulait savoir s'il serait le candidat du clergé , si le curé voudrait l'aider à le devenir.

Le curé parut ignorer tout ce qui se passait à cet égard ; c'était un homme d'une grande prudence, qui ne s'occupait nullement de politique. Il s'inclina quand le baron fit des protestations sur son dévoue-ment à la cause catholique , et n'éleva pas le moindre doute , mais il ne prit aucun engagement.

Le baron mélangea dès-lors dans une superbe tartine électorale , ses idées de zèle , de dévouement ; il s'exalta en parlant du *bilan de l'avenir* et fut vraiment d'une éloquence dont il dut être surpris. Il fut surtout comique lorsqu'il parla du ballotement des partis dans le cas où lui, baron de Cervannes, ne serait pas constitué le vrai champion de la morale.

Le curé fit avec sa tête un mouvement oscillatoire qui pouvait être également le résultat d'une approbation ou d'une distraction.

Quant à la marquise , elle écoutait bouche béante; deux ou trois fois elle eut une petite quinte de toux et faillit éclater de rire.

Elle attendit cependant silencieusement la fin du discours du baron , alors elle se leva.

— Mon cher ami , dit-elle d'une voix railleuse , vous êtes vraiment magnifique.

— Monsieur le baron met ses talents et son dévouement au service de notre province , dit enfin le curé , voyant que monsieur de Cervannes allongeait démesurément ses lèvres et ne répondait pas.

— Je félicite votre pays d'un tel choix, dit la malicieuse vieille femme en lançant à l'ecclésiastique un regard plein de vivacité , mais vraiment ne pensez-vous pas comme moi que vous voulez charger Esaü de plaider pour Jacob ?

Le curé qui ne pouvait ignorer que Jacob est , selon la sainte Ecriture , l'image des élus, tandis qu'Esaü rappelle les Juifs qui sont rejetés de leur Dieu et qui ne désirent que les biens de ce monde , sourit en entendant cette phrase de la marquise et la comprit parfaitement ; mais au lieu d'y répondre, il s'inclina devant elle et se rangea pour la laisser passer ; elle prit alors le bras que le baron lui offrit et fut rejoindre son valet de chambre qui la conduisit à sa voiture. Le curé aurait bien voulu l'imiter et disparaître à son tour ; mais il dut subir d'autres questions nombreuses de la part du baron.

— Ma voix est bien peu de chose lorsqu'elle s'élève en dehors du service du Seigneur, murmurait-il lorsque le futur député revint à la charge et demanda s'il ne pouvait l'aider de son influence et conseiller ses collègues.

Comme monsieur de Cervannes insistait, il crut devoir se borner à lui dire :

— Vous me verrez à l'œuvre, monsieur le baron.

— Mais vos collègues, mais vos vicaires, dit encore le baron.

—Ils sont de vrais serviteurs de Dieu, ils obéissent à leur conscience, murmura le prêtre.

Il se retira sans avoir rien dit de plus.

Dès qu'il fut parti, monsieur de Cervannes, sans égard pour sa jambe infirme, se mit à marcher de long en large dans le salon, il gesticulait et paraissait vraiment furieux. Il n'entendit nullement son domestique lui dire deux fois que son déjeuner était servi et il étonna beaucoup ce serviteur en s'écriant : Esaü, Esaü ; qu'a-t elle voulu dire avec son Esaü ?

Un instant le Frontin se demanda s'il ne lui apprendrait pas qu'Esaü avait lâchement abandonné son droit d'aînesse pour un plat de lentilles probablement fort appétissantes, mais il n'osa prendre la parole.

Ce fut heureux, son maître n'était pas d'humeur à l'écouter.

Il feuilletait avec colère le livre bleu ; et comme la morale de ce livre expliquait symboliquement qu'Esaü, **en agissant dans l'ordre temporel, matériel, ne pouvait être** qu'une entrave au progrès religieux, il ne put rien comprendre.

La langue symbolique est celle des âmes. Les hommes qui étouffent l'âme ne la sauraient traduire.

Voilà donc pourquoi elle est si généralement inconnue, c'est que les âmes sont généralement étouffées.

Le baron qui ne pouvait comprendre à quel point la sienne était rétrécie, s'indigna d'avoir acheté un ouvrage inutile.

Il regarda ce titre audacieux, *Balances du bon Dieu*, et s'écria qu'on trompait le public en le donnant à un livre qui ne jetait aucune lumière.

Pour lui prouver son profond mépris, il ne le remit pas en évidence sur la table, mais il le plongea dans un tiroir.

Seulement, après cet acte de justice, le domestique osa répéter pour la troisième fois :

— Monsieur est servi.

Effectivement il y avait quatre heures que la truite saumonée attendait.

CHAPITRE XXII

LE CURÉ DE VILLEFRANCHE.

> Tout l'art de la providence, et
> pour ainsi dire tout son effort
> est de lier le passé à l'avenir,
> les générations aux générations,
> l'homme à l'homme par une
> suite de bienfaits qui engagent
> et de services qui n'acquittent
> pas.
>
> (OZANAM.)

Adrien Stalberg était descendu précipitamment de l'hôtel de Bertray après sa dernière conversation avec Christophe. Il tenait toujours sous son bras le fameux livre bleu qu'il n'avait pas eu le temps de consulter depuis son emplette ; il se proposait d'en lire quelques passages tout en marchant, lorsqu'il se trouva en face du curé de Villefranche qui sortait de chez le baron de Cervannes.

Stalberg le reconnut et le salua ; mais il n'aurait pas osé lui parler si le curé n'était venu gaîment à lui et n'avait réclamé quelques minutes d'entretien.

Adrien parut très-surpris.

— Deviendrais-je par hasard un homme important, s'écria-t-il avec sa gaîté ordinaire ?

— Non, mon cher monsieur, répondit le curé en considérant avec intérêt la physionomie honnête et franche qu'il avait devant les yeux ; non, vous n'êtes pas encore un homme important quoiqu'on se serve de vous actuellement pour préparer des actes d'une importance réelle.

Adrien fut stupéfait quand le curé lui expliqua comment, en devenant l'organe des sentiments de Christophe Laroze, et en faisant de la propagande en sa faveur, il commettait une action blâmable qui le posait mal dans l'opinion des gens sages et religieux.

Il balbutia pour excuse que Christophe Laroze était calomnié; que son âge, son intelligence, son indépendance personnelle étaient des garanties ; qu'enfin il était catholique et qu'il respectait certainement ce qui était respectable.

Le curé ne parut point convaincu et affirma que des garanties réelles n'étaient pas données par une marque extérieure de respect.

— Comment pourriez-vous me comprendre, ajouta-t-il, vous êtes protestant et vous dites :

« Le vrai *disciple de Jésus* marche non sous la di-
» rection des hommes, mais sous celle de *Dieu* qui
» lui fait distinguer le vrai du faux, le bien du mal,
» le juste de l'injuste ; par quels moyens ? Par cette
» voix intérieure qu'on appelle la *conscience*, par
» cette lumière intérieure qu'on appelle *la raison*. »

Vous ne pouvez le nier, c'est ainsi que vos ministres s'expriment, et vous autres jeunes protestants, ne voulez nommer Christophe Laroze que parce qu'il abonde dans vos idées. Voyons, parlez-vous vraiment comme je viens de le dire ?

— Certainement, monsieur, et j'en suis fier.

— Franchement, il n'y a pas de quoi cependant, car en repoussant la soumission aux hommes, vous rejetez insensiblement, sans vous en douter, la soumission à Dieu. Obéir à Dieu, c'est obéir aussi à ceux qu'il délègue pour le représenter, c'est reconnaître que, quelle que soit la conscience, il faut encore un principe d'autorité qui est la manifestation des ordres divins. Celui qui cherche à s'y soustraire proteste ; il est hérétique de cœur, tout en se croyant bon chrétien.

— A ce point de vue, monsieur, ne craignez pas monsieur Laroze.

— Comment, que je ne le craigne pas, y aurait-il donc deux poids et deux mesures entre ce qu'il croit et ce qu'il doit favoriser ?

— Si vous êtes intolérant, monsieur le curé, vous ne pouvez évidemment comprendre qu'on sache limiter le pouvoir qu'on représente ; mais si vous voulez au contraire envisager la question avec modération, vous verrez qu'on peut espérer la justice, l'humanité, les fruits heureux du dévouement chez les hommes d'opinions contraires.

— J'entends dire cela tous les jours et je le déplore, reprit le curé. La grande protection des libertés de conscience affaiblit le respect des masses pour l'autorité, puisqu'elle aide les attaques aux doctrines véritables. Puis, tenez, elle me rappelle cette phrase de saint Justin que citait dernièrement un évêque :

« Si on demandait à quelqu'un combien font deux et deux et qu'il répondît toujours obstinément *quatre*, tandis qu'un adversaire soutiendrait que deux et deux font *six*, quel bien pensez-vous qu'obtiendrait l'homme modéré qui, pour faire une concession, avouerait que deux et deux font cinq ? »

Stalberg se mit à rire.

— Vous riez et vous avez raison, dit le curé, Christophe Laroze n'est pas l'homme de la modération, il soutiendrait, jusqu'à ce que mort s'en suive, que deux et deux font six, plutôt que de rien abandonner à un adversaire ; mais je suis bien aise de vous prouver que votre candidat ne peut être ni celui des gens sages, ni même celui des gens indécis.

— Ce sera celui des hommes dévoués.

— Entendons-nous alors sur ce mot, jeune homme, car vous autres protestants, substituez, sans vous en apercevoir, votre règne à celui des autres.

— En voyez-vous des exemples, monsieur ?

— Mon exemple est prêt : vous repoussez la confession qui est la seule, entendez-vous bien, la seule garantie de l'obéissance et de l'humilité humaine, par cela même que Jésus-Christ l'a imposée pour établir la hiérarchie et la plus grande subordination de l'esprit à la loi divine.

— Il y a cependant beaucoup de catholiques confessés dont je redouterais l'insubordination et l'orgueil, monsieur l'abbé.

— Certainement, le démon s'attache de préférence à ceux qui n'ont encore accepté que les premiers degrés de la servitude chrétienne, à ceux qui s'en servent honteusement comme d'un bouclier pour sauvegarder leurs intérêts ; mais ceux qui ont franchement opté pour le bien ont beau se sentir poursuivis par la calomnie, ils marchent, monsieur, ils marchent en remplissant noblement leur mission.

— Ils sont bien rares ceux-là, dit le jeune homme, bien rares, avouez-le au moins.

L'ignorance du ciel est grande parmi nous et le nombre des *païens* que renferme l'église catholique est incalculable, dit tristement le curé, cela tient à l'ignorance générale. Les gens du monde ne connaissent pas leur religion pour la plupart, comment les gens du peuple la connaîtraient-ils mieux ! Ils ont moins de temps et de ressources pour l'apprendre.

Tout en parlant ainsi, le curé et Stalberg étaient arrivés au bout de la rue de Grenelle ; sur la place toujours encombrée de la Croix-Rouge, ils furent obligés de stationner devant un magasin d'épicerie pour laisser défiler les voitures. Là ils devinrent témoins d'un acte de charité touchant : un vieillard pauvrement vêtu faisait de nombreuses emplettes chez l'épicier et les apportait à une jeune femme malade accompagnée de deux enfants.

— Hélas ! dit la jeune femme, si vous dépensez

tout ce que vous avez pour nous , que deviendrez-vous ensuite , mon oncle , pourrez-vous même payer ?

— Bah ! répondit le vieillard , je suis vieux , faites-vivre vos enfants , Marie , et ne songez pas à moi , la mort solde tous les comptes.

CHAPITRE XXIII

ENCORE STALBERG ET LE CURÉ.

> C'est ma maladie qui fait que mon esprit ne saurait demeurer arrêté, guérissez-le et il se fixera ; affermissez-le et il demeurera ferme et immobile.
>
> (SAINT-AUGUSTIN.)

I se trompe, dit le curé, la mort est la solde du péché, a écrit saint Paul, mais elle n'acquitte cependant pas tous les comptes arriérés ni pour ce monde ni pour l'autre; vous voyez tout de suite, jeune homme, le danger de l'ignorance religieuse.

— Je vois aussi que la charité y supplée, monsieur, répondit Adrien. Jésus-Christ n'a-t-il pas dit que ses vrais disciples se reconnaissaient par elle ? Laissez donc nommer monsieur Laroze, ses idées sont généreuses, sa fille fera tous ses efforts pour soulager les pauvres. Si le bien se fait, qu'importe une doctrine différente? Un de nos prédicateurs célèbres a dit : « L'humanité doit ressembler à un jardin » immense où la lumière a lui dès le commence- » ment, où chaque fleur, au lieu de haïr et de » condamner les autres, doit joindre son coloris » au leur. »

— Ceci, jeune homme, est de la poésie ; mais on ne peut mettre en champ clos des hommes d'opinions différentes sans attendre naturellement un conflit. Les hommes n'ont ni le parfum, ni la douceur, ni le calme des fleurs; les anges qui étaient jadis dans ce jardin superbe éclairé par la face de Dieu, n'entendirent pas moins un d'entre eux s'écrier : « J'établirai mon trône au-dessus des astres. »

Prenez garde, cette vieille histoire est toujours l'histoire des hommes ; l'expérience nous a prouvé que la charité était insuffisante dès qu'elle s'alliait à l'orgueil et qu'elle rencontrait des obstacles.

— Tenez, monsieur le curé, dit en souriant Stalberg, vous me parlez comme à un protestant dangereux et je vous assure que je ne déteste que *l'hypocrisie* et la *déraison* ; tout le reste m'est égal.

— A ce point de vue, combattez Christophe, il est déraisonnable ; il ne suffit pas d'établir des droits, il faut les subordonner aux décrets divins.

— Préférez-vous le baron de Cervannes, dit en souriant le jeune homme ?

— Non, non, c'est un phraseur sans convictions.

— Alors, dit en riant le jeune homme, faisons un arrangement, monsieur le curé, faites-moi nommer député et mariez-moi à mademoiselle Bénédicte. Je ne suis nullement un protestant farouche, je n'ai jamais été ambitieux : une position honorable, une femme même sans fortune, mais distinguée,

pieuse comme mademoisalle Laroze , me semblerait
le vrai bonheur , et qui sait !... je me soumettrai
peut-être sans peine aux conditions imposées par
votre église , quand je les connaîtrai mieux.

— C'est possible, j'espère quelque jour vous amener dans son sein , bon jeune homme ; mais ce ne
sera ni par la députation , ni je le suppose , par un
mariage avec mademoiselle Laroze. Malgré vos hon-
nêtes intentions , vous êtes encore un esprit flottant,
irrésolu ; Bénédicte est au contraire vieillie par les
épreuves. Les événements actuels seraient loin de
la faire songer au mariage avec un homme plus
jeune qu'elle et d'une autre religion. Non, tournez les
yeux d'un autre côté ; aidez plutôt à l'élection de
Gustave de Grival , cet officier plein de mérite qui
doit hériter dans notre province des propriétés de
mademoiselle Maria de Grival sa tante.

— Gustave de Grival , dit Stalberg en posant vivement sa main sur le bras du curé, n'est-il pas parent
de mademoiselle Laroze ?

— Mais oui , son cousin.

— Ne veut-il pas l'épouser ?

— C'est possible.

— C'est sûr , monsieur , c'est sûr.

Alors Stalberg raconta au curé la petite scène
dont il venait d'être le témoin involontaire chez
Bénédicte , il parla de tante Maria comme d'une personne qu'il jugeait opposée à l'union de Gustave et
de Bénédicte. Quant à Jeanne , il en fit un portrait
si charmant que le curé ne put s'empêcher d'ob-

server qu'il l'admirait trop pour avoir songé sérieusement à mademoiselle Laroze , et qu'il l'engageait à modérer son enthousiasme , attendu que la jeune fille dont il parlait n'était réellement encore qu'une enfant.

Ne perdez pas votre temps à combattre pour une cause sans heureux avenir, finit-il par dire. Vous êtes animé par le vague sentiment des vérités que vous distinguez à peine , mais venez me trouver , j'essaierai de vous les faire apparaître sous leur véritable jour , vous verrez alors que Dieu attire à lui le cœur de ses serviteurs sans leur permettre de réserve , quand il leur accorde la foi.

— J'irai , monsieur l'abbé , j'irai chez vous , répondit gaîment Adrien ; en attendant , je porte là sous mon bras un livre capable de m'en apprendre fort long , voyez plutôt.

— *Les Balances du bon Dieu* , reprit le prêtre. Oh ! oh ! j'ai vu ce titre chez le baron de Cervannes, encadré par mille brimborions et objets de fantaisies.

Que dit-il , cet ouvrage?

— Il dit qu'il faut toujours , avant de jeter dans l'air les mots sonores de patriotisme et d'ordre social , avoir bien pesé ce qui en établit plus réellement les bases.

— Il dit juste , répondit le curé. Les étourdis qui confondent , qui fusionnent toutes choses , doivent avoir peu de poids dans les balances célestes , tant qu'ils ne laissent pas Dieu frapper plus directement leur esprit pour l'éclairer.

— Mais ensuite , mais plus tard , dit Stalberg ?

— Ensuite , nous penchons toujours du côté où notre véritable poids nous entraîne.

Si vous songez souvent à l'éternité , évidemment le pêle-mêle cessera , vous entrerez dans cette course évangélique à laquelle saint Paul exhortait les premiers fidèles , lorsqu'il dit :

« Ne savez-vous pas que, quand on court dans la » carrière , tous courent , mais un seul remporte le » prix. » Eh bien ! mon jeune ami, le prix que je désire pour vous, c'est plus, bien plus que la députation , c'est une place dans le ciel.

Stalberg sourit , tendit la main au prêtre qui la serra affectueusement ; puis ils se promirent de se revoir.

CHAPITRE XXIV

LE FRÈRE ET LA SŒUR.

C'était quelque poëte au sympathique accent,
Qui révèle à l'esprit ce que le cœur pressent,
(LAMARTINE.)

es différents exemplaires *des Balances du bon Dieu* étaient encore rangés symétriquement dans l'angle du magasin de librairie, quand un homme d'un extérieur sévère et distingué vint en réclamer un volume qui lui fut remis immédiatement.

Cet homme avait quelque chose de si martial, de si bref dans la démarche et dans le son de sa voix qu'on jugeait immédiatement qu'il devait appartenir à la profession militaire.

On pouvait cependant juger aussi que, tout en ayant l'habitude du commandement, il avait conservé cette politesse instinctive qui est pour ainsi dire le cachet de l'homme, et il justifiait cette phrase d'un prélat : « La vraie distinction et l'aménité des formes se tiennent toujours par la main. »

Une jeune personne petite et brune l'accompagnait. C'était presque une enfant dont la tête ne pouvait rester en repos et dont les petites mains se promenaient sur tous les ouvrages mis en vente.

— Laissez, Jeanne, laissez ces livres, dit l'officier avec une netteté de prononciation qui accusait un homme très-franc, sans cependant faire supposer un caractère brutal.

— J'aimerais cependant à les ouvrir, et à tout lire, répondit-elle. Que c'est amusant, Gustave, de tout lire !

— Il y a trop de laides choses dans la vie pour qu'il soit amusant de les apprendre, Carinetta, dit paternellement l'officier en lui enlevant un volume qu'elle se préparait à feuilleter ; lisez plutôt les *Balances du bon Dieu*, ce livre mystérieux qui plaît à Bénédicte.

— J'aime tout ce qu'elle aime, reprit la jeune fille subitement ramenée à un autre ordre d'idées, j'aime surtout à l'entendre parler du ciel, elle donne envie d'y aller ; mais ce livre n'est agréable qu'autant qu'elle le traduit, sans cela il est si sérieux, si sérieux... oh !

Elle avança ses deux petites lèvres en faisant la moue et dit :

— Je n'ai pas besoin de lire les choses sérieuses, vous les connaissez pour moi et Bénédicte se charge de les expliquer. Que je voudrais devenir bonne comme Bénédicte, poursuivit-elle en relevant un peu sa jupe de soie, afin de s'embarquer de nouveau sur le trottoir de la rue Bonaparte.

— Pour devenir bonne, tante Maria assure qu'il suffit de le désirer, répondit l'officier en lui offrant son bras.

— Gustave, tante Maria n'entend pas la moindre chose de la vie. C'est la meilleure des tantes, j'en répondrais !... Mais c'est bien la personne la plus convaincue de l'inutilité des impressions...

— Elle ne se trompe peut-être qu'à moitié, reprit-il en souriant.

— Elle se trompe tout à fait ; les impressions peuvent êtres réprimées quand elles sont fâcheuses, mais vouloir les biffer d'un trait de plume, est-ce possible ?

— Pour les âmes plus grandes que la tienne, dit Gustave, celles qui sont faites à l'image de Dieu ; le sacrifice finit par devenir une puissance à laquelle il faut obéir et l'impression naturelle est annullée.

— C'est ce qu'on dit à cette pauvre Bénédicte, murmura tristement la jeune fille, et elle me le répète parfois, elle dit : Jeanne, il faut savoir souffrir. Mais moi, ne serais-je donc pas faite à l'image de Dieu, ajouta-t-elle en s'appuyant sur le bras de son frère et penchant sa tête en avant pour le regarder. Gustave, je ne puis même pas me résigner à lui voir accepter sa souffrance.

— Tu es au moins faite à l'image des anges, répartit l'officier en serrant contre lui le bras de sa jeune sœur ; comme eux, il y a dans ton cœur l'amour natif de tout ce qui est bien, contre-balancé toutefois par ce besoin de liberté, qui en fit sortir quelques-uns jadis du paradis.

— Je ne veux pas sortir du paradis ; je n'en sortirai pas, reprit avec impatience la mutine enfant ;

j'aimerais à faire partie du ciel tout en obéissant aux flots qui montent et qui descendent ; mais je ne puis accepter l'opposition qu'on fait à Bénédicte. J'en souffre , j'en souffre et je m'en indigne, et vous Gustave !

— Moi ! s'écria Gustave vivement, puis il s'arrêta. Chère enfant , dit-il en jetant sur elle un regard affectueux, ne jetons pas l'expression des sentiments intimes au milieu de la vie légère.

— Toujours cela , reprit-elle , toujours de la prudence. Oh Gustave ! au lieu de principes sagement superposés au-dessus les uns des autres comme ceux de tante Maria , laissez donc échapper au hasard quelque chose de votre pensée.

J'aimerais mieux cela, mon frère, poursuivit-elle, parce que ma pensée me dit à moi que vous luttez avec vous-même, et que je voudrais pouvoir partager vos chagrins.

Son frère allait répondre , mais la jeune étourdie lui repoussa subitement le bras en disant :

— Le voilà , Gustave , l'avez-vous vu ?

— Vu , qui donc dois-je voir ? dit l'officier étonné en regardant les nombreux personnages qui passaient près de lui.

— Ce jeune homme qui lisait dans un livre bleu.

— Quel jeune homme , quel livre ?

— Le jeune homme qui était chez Bénédicte ce matin. Vous n'avez pas vu , Gustave , il parcourait *les Balances du bon Dieu.*

— Je n'ai rien vu ; tous les jeunes gens , tous les

livres se ressemblent quand ils passent rapidement ; vous vous serez trompée.

— Non , je ne me suis pas trompée , mon cher
frère , et de plus je parierais qu'il m'a reconnue ;
son regard s'est arrêté sur moi ; puis il a fait un
mouvement rapide pour remonter jusqu'à vous.

— Il ne me connaît pas , que lui importe ?

— Oh ! reprit la jeune fille en se rappelant la conversation que Stalberg devait avoir entendue , il vous
connaît peut-être plus que vous ne pensez.

Son frère allait répondre , quand une voix ami-
cale prononça derrière lui :

— Mes chers enfants, est-ce moi que vous cherchez ainsi ?

Les deux jeunes gens se retournèrent et témoi-
gnèrent par plusieurs exclamations la joie de rencontrer leur vieil ami le curé de Villefranche.

Après s'être demandé mutuellement de leurs
nouvelles , l'ecclésiastique leur apprit qu'il avait
vu le baron de Cervannes ; qu'il avait trouvé chez
lui la marquise de Bertray et qu'il allait voir actuellement mademoiselle Bénédicte Laroze.

Il fut convenu entre eux qu'il en descendrait ensuite
et viendrait leur demander à dîner ; mais en entrant
dans l'hôtel de Bertray , ils rencontrèrent mademoiselle Maria de Grival. Elle assura le curé qu'il
devait entrer chez elle avant de monter à l'étage
supérieur, qu'elle avait à lui parler.

Les deux jeunes gens insistèrent aussi et le curé
entra.

CHAPITRE XXV

LA VISITE CHEZ TANTE MARIA.

> La religion est la défense de l'âme
> comme les armes sont la défense
> du corps.
> (CHATEAUBRIANT.)

ademoiselle Maria de Grival était dans une grande agitation, elle se regardait comme responsable de l'avenir heureux ou malheureux de son neveu et de sa nièce qui étaient ses enfants d'adoption, et elle savait peu les convaincre chaque fois qu'une discussion survenait et qu'il fallait prendre un parti.

En ce moment cette bonne demoiselle avait un désir extrême de voir son héritier futur abandonner la carrière militaire et se fixer à Paris près d'elle, mais son neveu possédait peu de fortune personnelle, et s'il épousait mademoiselle Laroze, il ne pouvait renoncer au service. En face de cette situation, la marquise de Bertray proposait un mariage superbe, et la députation semblait arriver à la suite comme une partie de la dot : c'était fort séduisant. Cependant monsieur de Grival avait un caractère d'une fermeté difficile à ébranler, et aucun des avantages que sa tante lui offrait ne paraissait lui plaire ; il aimait extrêmement son état et désirait poursuivre sa carrière.

Il prétendait qu'il y avait un mystérieux rapport entre le prêtre et le militaire, parceque tous les deux sont soumis à une discipline sévère, à une obéissance parfaite et se retrouvent les véritables ouvriers de la civilisation, de l'ordre, et les plus frappants exemples du dévouement. Le prêtre, disait-il, était appelé à verser son sang pour la défense de sa foi, le soldat chaque jour pouvait la répandre pour son pays : des deux côtés il retrouvait l'abnégation.

— Mon cher ami, dit le curé lorsque Gustave voulut encore développer cette thèse à sa tante et lui prouver qu'il devait garder ses épaulettes, je vous crois appelé à servir tout à la fois votre pays et l'Eglise dont vous êtes un si fidèle serviteur, autrement que vous ne le faites aujourd'hui les armes à la main.

Mademoiselle Maria de Grival fut ravie d'entendre le curé parler dans le sens où elle parlait elle-même, mais Gustave ne fut pas convaincu.

— Je ne sais vraiment, dit-il au curé, si dans les balances divines je n'aurais pas mieux rempli mon devoir en couvrant de mon épée l'Eglise qu'on peut attaquer, qu'en agitant les hommes à l'aide de paroles souvent vaines.

— Pour le savoir, reprit Jeanne, il faut consulter le livre bleu, Bénédicte assure qu'il répond à toutes les questions.

Le curé sourit.

— N'est-ce pas le livre des *Balances du bon Dieu* que vous voulez consulter, ma chère enfant, dit-il, je lui dois un peu de reconnaissance, il m'a aidé aujourd'hui en deux circonstances.

— Comment cela, demanda Jeanne ?

— Primo, je l'ai aperçu pompeusement placé sur la table du baron de Cervannes, il était entouré de hochets païens, comme une attestation ironique des convictions de son propriétaire ; dès-lors je n'ai donné à ses paroles qu'une portée douteuse. Ensuite j'ai retrouvé ce livre dans les mains d'un jeune protestant auquel je m'intéresse ; ce livre lui apprenait qu'avant de se laisser entraîner par les inspirations chaleureuses du patriotisme, il faut d'abord savoir si ce patriotisme est le disque lumineux de la foi ou l'emblême brillant de l'erreur ; beaucoup de gens s'y laissent tromper. J'ai donc su un gré infini à cet ouvrage de séparer l'illusion de l'admiration légitime. Actuellement il va apprendre à Gustave qu'il y a de nombreuses milices célestes et qu'il ne suffit pas d'être sous les armes, il faut savoir en changer suivant les circonstances.

Hier l'archange saint Michel combattait Satan avec un glaive, il le terrassait ; aujourd'hui il le sape en ressuscitant les âmes plongées dans le chaos pour qu'elles guérissent à leur tour la nation malade. Qu'en dites-vous ? n'est-ce pas tout à la fois le soldat et le prêtre qui agissent ainsi ?

8.

La conversation continua encore quelques instants sur ce sujet. Tout-à-coup le curé s'écria :

— Gustave, il faut que je vous amène mon jeune protestant, il a des parents à Villefranche qui vous seront utiles dans l'élection, vous êtes de tous les hommes le plus capable de le convertir. Il se nomme Adrien Stalberg, ce nom ne peut vous être inconnu.

— Stalberg ! s'écria tante Maria, le fils d'un ami de Christophe Laroze.

— Oui, mademoiselle, il était son ami, mais il n'existe plus depuis plusieurs années.

— Un républicain, poursuivit tante Maria avec dédain.

— Simplement un homme exalté qui s'est repenti de son exaltation, dit le curé. Sa femme est morte en très-bonne chrétienne ; vous êtes bonne chrétienne aussi, mademoiselle, et vous ne pouvez refuser au fils de vos anciens compatriotes de venir purifier son âme dans votre maison.

Tante Maria baissa la tête sans répondre.

— Gustave, continua le curé, je vous recommande particulièrement ce jeune homme : il détourne encore certains mots de leur vrai sens ; mais je me suis aperçu que son cœur substitue déjà, sans qu'il s'en doute, la vérité à l'erreur.

— Ah ! s'écria Jeanne comme frappée d'une idée subite, je le connais, n'a-t-il pas des yeux noirs, très-vifs, très-malins, le sourire gai, la démarche sautillante ?

— Je le crois , répondit en souriant le curé , quoiqu'en vérité je n'aie pas fait grande attention à ces détails.

— Alors plus de doutes , tante Maria , vous l'avez déjà aperçu chez Bénédicte , et c'est lui qui vient de nous rencontrer tout-à-l'heure , il tenait son livre et lisait, ce qui ne l'a pas empêché de me voir ; oui , il m'a fort bien vue et il a jeté sur Gustave un regard passablement narquois ou curieux.

— A quel propos , dit l'officier , exciterais-je sa curiosité ?

— Elle se trompe , reprit l'abbé avec mécontentement. Ma chère enfant , il ne faut pas précipiter ainsi vos jugements et vos paroles ; l'Ecriture sainte est si sévère pour ceux qui agissent avec légèreté qu'elle espère davantage , dit-elle , d'un insensé que d'une femme qui parle vite.

Jeanne rougit.

— Quel mal ai-je donc fait , dit-elle ?

— Vous soulevez d'avance une prévention entre deux hommes que je veux rapprocher : ils n'ont aucun sujet de se méfier l'un de l'autre, je le sais positivement. Vous voyez , mon enfant , qu'il ne faut pas parler étourdiment de la chose même la plus indifférente.

— Il en est d'autres cependant qu'il est fâcheux de taire , répliqua l'incorrigible jeune fille. La preuve , c'est que monsieur l'abbé va partir sans nous avoir rien dit de Bénédicte et nous y pensons tous , avouez-le.

Mademoiselle de Grival et le curé se regardèrent avec inquiétude.

— C'est un sujet qu'il vaut mieux ne pas aborder, dit tante Maria.

— Non certainement , c'est un sujet qu'il faut aborder au contraire ; moi, j'aime Bénédicte , je veux savoir pourquoi je ne dois pas parler d'elle et pourquoi monsieur le Curé a écrit tant de belles choses de mademoiselle de Thiarre.

— Mon enfant...

— Tante Maria , laissez-moi poursuivre. Puisque monsieur le Curé lui oppose mademoiselle de Thiarre, pourquoi le fait-il , ajouta-t-elle en croisant ses deux mains ? Qu'il le dise , son avis sera d'un si grand poids entre ce qui doit satisfaire les convenances et nos cœurs.

Gustave regarda sa sœur avec tendresse , tante Maria poussa un soupir , le curé toussa.

CHAPITRE XXVI

LES CONSEILS.

La nature travaille pour son intérêt particulier et calcule le gain qu'elle peut retirer des autres.

La grâce ne considère point ce qui lui est avantageux, mais ce qui peut être utile à plusieurs.

(IMITATION DE J.-C.)

uand le curé eut toussé assez longuement pour se donner le temps de réfléchir,

— Vous savez bien, dit-il à Gustave et à Jeanne, que Bénédicte est comme vous au nombre de mes bien chers enfants. Son âme m'apparaît tout à la fois grave et sensible, son jugement est mûr avant le temps ; de plus elle possède cette ardeur sacrée des vraies chrétiennes et elle reste forte, impassible, quoiqu'elle éprouve sans cesse de terribles froissements.

— C'est cela, c'est elle ! s'écria Jeanne dont les yeux lancèrent des étincelles joyeuses.

— Oui, oui, c'est cela, murmura Gustave en appuyant son coude sur la cheminée, sa tête dans sa main d'un air rêveur.

— Mes amis , j'ai dit ce que je pensais, maintenant vous devez me croire impartial.

— Vous me faites trembler, s'écria Jeanne; qu'allez-vous donc prononcer ?

— Donnez-moi votre main , Jeanne , je vais parler comme un père qui conseille avant tout la sagesse à ses enfants.

— Je ne vous donnerai pas même mon petit doigt, reprit-elle d'un air mutin, décidément la sagesse est une conseillère dont je me méfie.

— Jeanne, vous m'affligez, la sagesse est votre amie , croyez-moi , elle est aussi celle de votre frère quand elle lui déclare qu'en face des circonstances actuelles , il est raisonnable , il est de son devoir même d'épouser mademoiselle de Thiarre.

Gustave se redressa brusquement.

— Mon cher Gustave , poursuivit le curé , ne prenez pas cet air farouche , je connais et j'approuve tous les motifs qui vous ont fait penser à Bénédicte; mais je blâmerais une plus longue persistance, Christophe Laroze vous repousse et sa fille ne peut plus se séparer de lui : il est sérieusement menacé de rester aveugle.

— Je ne lui demanderai jamais d'abandonner son père , interrompit Gustave.

— Forcément il le faudrait cependant , car en admettant que Christophe cessât de vous haïr , vous souffririez l'un et l'autre du rapprochement ; Christophe déteste la noblesse , il l'attaquerait sans cesse devant vous.

— Et de plus, reprit avec vivacité tante Maria, il ne nous déteste que parce que nous avons combattu les idées subversives dont il s'établissait le champion.

— Tout cela ne prouve nullement que je doive épouser mademoiselle de Thiarre, dit Gustave en marchant de long en large dans le salon, tout en rapprochant par un mouvement crispé les deux mains qu'il avait glissées dans ses poches. Vous êtes tous opposés à Bénédicte et jusqu'à un certain point j'en comprends les motifs, mais vouloir m'imposer un autre mariage et m'en faire un cas de conscience, c'est toute autre affaire, et vraiment tante Maria, malgré sa bonté habituelle, me force à l'accuser de despotisme.

— Gustave, s'écria le curé en allant vers le jeune homme et le prenant par le bras, mademoiselle votre tante est dans le vrai, il faut élever une barrière infranchissable entre vous et votre cousine; il le faut pour vous, il le faut pour elle.

Et maintenant même, en mettant ces deux question à part, voyons, mon fils, ne devez-vous pas répondre énergiquement à l'appel qu'on fait de vous en ce moment? Resterez-vous à reposer votre cœur sur des feuilles de roses, quand vous voyez les tendances des esprits menacer la foi et que toute la partie saine d'un pays vous juge digne de la représenter et de la défendre? Non, Gustave, non, vous marcherez au but sans faire nulle attention aux mauvais chemins et vous deviendrez l'époux d'une femme pieuse et riche qui secondera vos efforts , en un mot vous ferez un bien immense , si vous le voulez , dans notre pays et pour notre pays.

— Je ne suis pas de taille à faire des choses *immenses* , dit Gustave.

— Vous êtes au moins de taille à montrer aux hommes qu'on peut être bon chrétien sans être imbécile ou visionnaire , qu'au milieu du mal qui grandit , il y a des âmes plus grandes encores. Vous êtes de taille à avoir le courage de votre opinion, j'espère.

— Les armes à la main , peut-être , mais vous vous trompez , si vous me croyez éloquent, monsieur le curé ; je ne sais pas faire une phrase.

— Dites que vous n'avez pas étudié la chicane , mais ne me parlez pas d'éloquence , mon cher ami , attendu que les droits de Dieu , soutenus avec fermeté , sont la seule éloquence qui sache fermer la bouche aux criailleries de la foule , quand même elle aurait cherché d'abord à méconnaître ce langage.

Maintenant , ajouta le prêtre en prenant son chapeau , vous réfléchirez , Gustave ; d'un côté vous ne voyez qu'obstacles , de l'autre on vous prouve clairement que , tout en remplissant vos devoirs d'époux , vous pouvez combattre pour une noble cause.

Je vais trouver Bénédicte , continua-t-il en regardant Jeanne ; je lui ai fait annoncer ma visite et j'espère la trouver comme toujours résignée à tout ce qui lui est imposé.

— J'espère bien , au contraire , qu'elle ne voudra rien de ce qu'on lui propose , s'écria la jeune fille ; on la sacrifie.

— Non , dit l'ecclésiastique , on ne sacrifie pas une femme parce qu'on lui enseigne son devoir et qu'on le lui fait accepter ; elle est trop sage pour parler ainsi , je sais d'avance qu'elle parlera autrement.

— Dannez-moi donc votre main en signe de réconciliation , ma chère Jeanne , dit le vieillard en lui tendant l'une des siennes , prouvez-moi que vous comprenez tout cela et que vous ne m'en voulez plus.

— Ne plus vous en vouloir , dit-elle en s'avançant lentement , oh ! certainement , monsieur le curé ; mais ne pas avoir le cœur oppressé de tout ce que j'ai entendu !

— Le cœur est un vilain oppresseur, il est comme ces malheureux qui discutent , sous le couvert de l'Église, des doctrines souvent en contradition avec les enseignements divins ; il faut savoir se méfier des choses séduisantes au premier aspect , quand elles sont controversables ou nuisibles.

— Mon Dieu ! dit Jeanne, que la morale est laide !

Le curé , qui allait sortir , s'arrêta sur le seuil de la porte.

— Non , Jeanne , conclut-il , non , ma chère enfant , la morale n'est pas laide puisqu'elle revêt les traits de Notre-Seigneur pour parler en son nom ; mais elle est sévère , juste , elle montre son visage sans masque et ne le cache pas comme les Antechrist du monde , enfin elle n'ajuste pas ses préceptes à la mesure des jouissances , puisqu'elle les refuse inexorablement. Un jour viendra où vous apprécierez cette pauvre morale.

— Alors, ce jour-là, cria la jeune fille, je vous donnerai la main tout entière , mon père ; mais impossible aujourd'hui.

— Ce jour-là vous donnerez les deux mains , Jeanne , les deux mains , afin que je vous dirige plus complètement : vous en sentirez le besoin. En attendant , lisez votre livre bleu et considérez le plus près possible ceux que le Seigneur juge meilleurs pour le ciel.

— Jeanne, Jeanne , répétait le bon prêtre tout en s'éloignant , ce ne sont pas ceux dont le cœur n'est jamais oppressé.

CHAPITRE XXVII

LA MARQUISE CHEZ SON BEAU-FRÈRE.

> Chaque liberté a son correctif,
> ainsi la liberté a pour correctif
> la contradiction.

hose étonnante , chose inouïe , Christophe Laroze recevait la visite de la marquise de Bertray tandis que mademoiselle de Grival avait chez elle le curé de Villefranche.

Après les premières phrases d'usage ,

— Vous n'avez donc plus peur de vous compromettre en venant chez moi , dit le malade d'un ton semi-bienveillant , semi-railleur , à la marquise.

— Mon cher Christophe , (cette appellation semblait incroyable à monsieur Laroze), mon cher Christophe , sans aucun doute , la séduction des idées philosophiques doit être moins grande pour vous maintenant et j'ai pensé qu'enfin nous pourrions nous entendre.

— Vraiment , pourquoi jugez-vous ainsi s'il vous plaît ?

— Parce qu'en face de vos souffrances auxquelles je compatis réellement , vous devez comprendre que la sagesse des hommes n'est souvent qu'une parodie , elle aboutit à un effort négatif.

— Vous êtes inflexible, madame, reprit le malade avec mécontentement, vous n'oubliez rien ; cependant vous pourriez vous rappeler à votre tour du vertige qui fascinait les vôtres jusqu'à l'éblouissement.

— Dites les enrichis et ne dites pas les miens, Christophe ; car en vérité si les miens n'ont pas demandé jadis plus de libertés, au moins depuis ils n'ont pas considéré les hommes comme des machines qui alimentent le luxe, ils n'ont pas admis pour supériorité celle du savoir-faire, ils n'ont pas tout soumis à leur ambition, même le catholicisme, et voilà où marchent les classes intermédiaires dont vous étiez l'organe.

— Madame, s'écria Christophe, la bourgeoisie que vous calomniez fait cependant la force de la France.

— Ceux qui font la force de la France, dit la marquise d'une voix vibrante, sont ceux qui symbolisent l'armée de Jésus-Christ, en ce sens qu'ils poursuivent d'âge en âge la tâche glorieuse du Fils de Dieu. Quant aux autres, ces déserteurs qui font des pas de géants pour s'éloigner à la débandade de l'ordre sacré, je ne vois devant eux que chute ou ténèbres.

— Aveugles comme moi, répartit ironiquement Christophe.

— Plus aveugles que vous certes ; votre cécité est la dernière page d'une fausse interprétation, elle est suffisante pour vous châtier, tandis que les

éblouissements de vos amis , pour me servir du mot
que vous avez employé tout à l'heure , leurs
éblouissements ne pourront cesser au premier rappel.
Dieu se chargera de les laisser s'enfoncer plus avant
dans la nuit où nous les entendons demander , répéter des choses dont ils ne savent comprendre le sens.

— Oh ! ma tante , murmura Bénédicte effrayée
de la tournure hostile que prenait la conversation.

— Laissez , Bénédicte , laissez , dit son père
avec emportement, je suis bien aise de retrouver
votre tante aussi intolérante qu'autrefois. Je m'aper-
çois mieux encore que je l'avais bien jugée ; non ,
décidément la sagesse n'est pas à son bord : faire
le mal n'est pas , ne peut être la conséquence de la
liberté et mon âme a toujours possédé autant que la
sienne le respect des lois.

— Vous croyez peut-être qu'avec la liberté non
contenue des opinions et des appétits, il ne se glisse
dans le cœur humain ni délire , ni haine !

— Madame , mon passé le prouve ; j'ai travaillé
pour la liberté sans perdre l'équilibre entre mes désirs
et mes ressources , tandis que vous , avec ce frein
dont vous muselez toute chose, où êtes-vous arrivés?

— Nous sommes arrivés à rallier les esprits sen-
sés ; à leur apprendre à subordonner leur vie présente aux espérances futures , à les soumettre à la
foi qui est le seul élément de vérité.

— La foi , la foi , répéta Christophe en étendant
le bras et désignant du doigt l'endroit où sa fille

9

pouvait être , la foi ! Si je ne l'ai , je la comprends quand c'est cette enfant qui parle , parce qu'elle possède un sentiment vrai qui n'a besoin d'aucune impulsion étrangère pour se révéler ; mais vous , femme pleine d'orgueil, qui dérobez un cœur sec sous l'abri religieux, vous ne sauriez convaincre , et vos arguments seraient-ils les meilleurs, leur développement dans votre bouche ne serait qu'une dérision !

— Alors , adieu , dit la marquise serrant son mantelet autour de sa taille et s'acheminant très-vite vers la porte , je laisse à Bénédicte la tâche complète de faire jaillir votre âme , si elle en trouve une.

Votre père n'est qu'un sophiste , dit la marquise en s'éloignant, il se retranche égoïstement derrière lui-même , vous n'en ferez rien.

—Oh ! ma tante , répondit doucement mademoiselle Laroze , est-ce donc avec la contradiction qu'on résout jamais une difficulté ?

—Il le faut , ma chère , les choses sont ou ne sont pas , les principes sont inexorables , et si nos connaissances se développent en raison de l'expérience que nous acquérons , nous devons les répandre , les imposer même au besoin.

Bénédicte s'arrêta émue.

— J'ai bien peu de connaissances, dit-elle , bien peu ; je n'ai jamais appris grand'chose, vous le savez… Mais j'aime Dieu, oh ! je l'aime, ajouta-t-elle les yeux pleins de larmes , en croisant ses mains sur sa poitrine, et cet amour m'aidera peut-être enfin à savoiraussi le faire aimer.

CHAPITRE XXVIII.

ESTHER.

———

Vivre en paix avec des hommes sans règle, ou qui nous contrarient, c'est une grande grâce, une vertu courageuse, digne d'être louée, dit l'*Imitation.*

S i la marquise de Bertray avait été une bonne femme de ménage habituée tout simplement à se suffire à elle-même, il est bien évident qu'elle se tenait encore trop droite, qu'elle avait l'œil trop vivace et la voix trop ferme pour ne pas monter et descendre les escaliers sans l'aide d'un bras.

Mais la marquise était riche, fort riche même, et la fortune que l'on envie tant sur la terre est cependant la cause principale de l'affaiblissement ou de l'impossibilité physique où l'on se croit tombé.

La marquise, depuis longues années, se persuadait qu'elle était incapable de rien faire par elle-même ; jamais elle n'essayait de se lever, de se coucher, de s'habiller, de se coiffer, de marcher, de se chauffer, de manger et presque de dormir, sans être servie ou gardée.

Cet état de dépendance, de faiblesse humaine, qui assujettit ainsi l'être intelligent à un mercenaire, est bien certainement un des plus humiliants esclavages qui se puisse voir. Car rien n'est pénible comme de réclamer les mouvements , la bonne volonté des autres, même en les payant et quand ils sont disposés à le faire , à plus forte raison quand on excite leur mauvaise humeur et leur maussaderie.

La marquise savait mieux que personne combien le joug d'un méchant inférieur est pesant , et combien on s'y soustrait difficilement en dépit de tous les inconvénients dont on souffre. Esther était à son service depuis longtemps , elle s'avouait cependant très-bien les défauts de cette fille tout à la fois flatteuse et exigeante , mais elle lui était devenue indispensable.

Elle seule pouvait habiller sans brusquerie, faire la lecture , préparer un dessert et le thé au goût de la marquise ; elle recevait les amis , évinçait les ennuyeux sans en avoir reçu l'ordre , mais elle rachetait ces qualités par tant de duplicité , tant de paroles familières ou insidieuses que la marquise souffrait beaucoup parfois d'avoir continuellement comme témoin , comme juge même , cette fille vulgaire , tantôt exigeante et tout juste polie , tantôt louangeuse à l'excès comme tous les gens sans éducation qui spéculent sur la vanité.

Esther avait surtout une aversion particulière pour mademoiselle Laroze. La mise simple de cette dernière semblait une critique amère du *frou-frou* que madame de Bertray tolérait à sa suivante , et le baron de Cervannes , ainsi que mesdames de Grival, avaient osé faire remarquer à la marquise qu'elle ne

devrait pas supporter qu'Esther fût habillée plus prétentieusement que sa nièce.

La marquise en convenait et pourtant elle n'avait
pas le courage de s'y opposer. Elle partageait d'ailleurs ce préjugé vaniteux qui est aujourd'hui si
généralement répandu que l'élégance des femmes
de chambre est en quelque sorte un cachet de l'élégance des maîtres et du comfort de leur vie , tandis que c'est uniquement un nivellement extérieur
des classes qui réveille les appétits ou engendre
l'insubordination , en faisant franchir la première
distance entre les uns et les autres.

Il y avait encore deux motifs puissants pour
qu'Esther eût horreur de Bénédicte. Elle n'en recevait pas de cadeau et elle voyait la marquise lui en
faire , de plus elle l'entendait citer comme un modèle et rien ne lui semblait plus intolérable que ces
phrases de madame de Bertray :

— Esther , parlez plus bas , vous m'étourdissez ,
Bénédicte me parlerait deux heures sans me fatiguer
comme vous.

Ou bien encore :

— Ne dites donc pas autant de mal de votre prochain , Esther. Voyez ma nièce , elle n'en dit de personne. Imitez-la.

La marquise prenait le bras d'Esther toutes les fois
qu'elle montait chez les de Grival et la faisait attendre dans l'antichambre. Elle l'avait donc aussi ame-
née chez Christophe , mais il n'y avait pas dans l'antichambre des Laroze un domestique fringant et

toujours disposé à charmer ses loisirs par la conversation.

Esther jugea qu'elle s'ennuierait et elle se glissa
dans le cabinet de travail qui précédait la chambre
du malade. Comme la porte en était ouverte, elle
ne perdit pas un mot de ce qui se dit entre la marquise et son beau-frère.

— Oh ! que madame est rouge, s'écria-t-elle quand
madame de Bertray vint à elle d'un pas saccadé.

— On serait rouge à moins, répondit avec humeur
la marquise.

— Madame aura certainement la migraine et voilà
ce que nous aurons gagné à cette belle équipée.

— Descendons, dit la marquise d'un ton bref.

— Madame a trop chaud, vraiment c'est imprudent. Ah ! mon Dieu, dit à demi-voix la rusée
péronnelle qui avait entendu toute la discussion,
madame est trop bonne de se sacrifier ainsi pour des
gens si peu reconnaissants.

— Entourez-moi d'un manteau, Esther, la tran-
sition serait trop brusque, enveloppez-moi.

— Mademoiselle Bénédicte peut apporter le manteau que madame lui a donné, nous le rendrons
plus tard. C'est honteux, murmura-t-elle tandis que
Bénédicte allait chercher le manteau, honteux de
reconnaître ainsi les bienfaits dont on est comblé !

Bénédicte revint.

— Je vous demande pardon de vous faire attendre
et de ne pas vous accompagner, ma tante, dit-elle,
mais mon père me réclame.

— Allez, dit la vieille dame, j'ai Esther comme vous voyez, allez à votre père et tâchez de le calmer s'il est possible.

Mais, j'y songe, cria-t-elle au moment où elle franchissait la porte : Bénédicte, j'ai à vous entretenir ce soir, venez de bonne heure afin que je sois seule, plus tard je dois recevoir les Grival et deux étrangères.

— Deux étrangères ? répéta Bénédicte.

— Mesdames de Thiarre, dit Esther qui avait entendu les demi-mots, les confidences de sa maîtresse à mademoiselle Maria de Grival, et qui était bien aise de juger quel effet ce nom allait produire.

Mais son espoir fut déçu ; quand elle retourna la tête pour regarder Bénédicte, elle avait disparu.

— Comment savez-vous que mesdames de Thiarre viendront, dit la marquise mécontente ?

— Ne serait-ce pas ce nom-là, reprit la camériste en jouant l'ingénue ? Le concierge m'a cependant nommé ainsi les dames qui font souhaiter le bon jour à madame la marquise et qui demandent si madame restera chez elle ce soir.

La marquise ne put se dissimuler qu'Esther devait tout savoir, elle poussa un soupir, puis se consola en songeant que c'était une fille intelligente et qu'elle lui rendrait peut-être service dans cette circonstance.

CHAPITRE XXIX.

LES TROIS AGES DE LA VIE.

C'est l'amour de Dieu seul qui
frappe à la porte ; c'est cet
amour qui nous découvre les
vérités ; c'est lui qui nous fait
demeurer fermes dans les vérités qu'il nous a découvertes.
(St-Augustin).

Après le départ de la marquise, monsieur Laroze, surexcité par la conversation qu'il avait eue avec elle, semblait
pris de vertige ; il s'emportait contre les gens qui se
croient les sages de la terre, contre ceux qui y
jouissent de prérogatives, il prétendait qu'ils sont
toujours prêts à marchander toutes choses et à
comprimer tous les progrès de la civilisation.

Bénédicte ne savait trop que répondre ; elle se
demandait intérieurement pourquoi une femme
d'esprit, de savoir et d'un sens vrai comme sa tante,
pouvait envenimer les questions au lieu de les
adoucir ; mais elle ne songeait pas que la marquise,
au lieu d'être animée de l'amour que produit une
floraison naturelle dans les âmes, était froide
comme tous ceux qui se sont beaucoup préoccupés
d'eux-mêmes, et que, tout en acceptant et obser-
vant les règles de l'ordre divin, elle s'en acquittait

comme d'une dépense nécessaire dont on aligne les totaux, dont on précise l'existence, mais à laquelle on ne demande jamais de crédits extraordinaires. Le résultat était donc aussi sec que nettement formulé, il ne vivifiait pas.

Que de gens comme elle dans le monde ! Que de gens comme elle ! Ils sont religieux parce qu'ils ont le sens droit, parce qu'ils sont solidaires des questions de prudence et de morale, parce qu'ils ont l'intuition que la toute-puissance appartient au Seigneur ; mais quand on feuillete leur conscience, qu'on creuse un peu loin en eux-mêmes, il n'y a que l'importance des dehors qui subsiste, le reste est vide et n'exhale pas un seul parfum vraiment agréable à Jésus-Christ.

Bénédicte ne se rendait pas bien compte de l'état des choses, elle ne s'avouait pas, la noble fille ! que la douceur qu'elle opposait aux emportements de son père, constituait la vraie force du pouvoir qu'elle voulait conquérir, et son âme, troublée par tant d'épreuves, se sentait abattue, découragée.

Tandis qu'elle entendait Christophe soutenir avec une sorte de rage qu'il fallait recruter une milice qui opposerait une large pépinière d'esprits indépendants à tous ces conservateurs d'idées rétrogrades, à tous ces *cléricaux déguisés*, elle éprouvait une sorte de terreur devant tant d'élocution brutale ; la douleur qui l'atteignait n'était pas, comme on pourrait le croire, la pensée de son bonheur perdu ; mais elle avait la crainte de ne jamais dominer ce flot toujours grossissant d'amertume et de haine qui envahissait de nouveau l'esprit de son père.

Cependant Christophe se lassa de parler seul, sans aucune démonstration d'opposition.

Il imita les enfants qu'on laisse crier longtemps sans avoir l'air de s'en préoccuper ; il finit par se calmer, se taire et s'endormir.

Sa fille attendait impatiemment ce moment pour se retirer à l'écart et réfléchir. Elle passa dans la pièce précédente avec l'intention d'écrire au curé de Villefranche pour le prier de venir la voir et la conseiller.

Elle se trouva en face de lui.

Le curé était entré sans sonner, attendu que la marquise et sa camériste n'avaient fermé aucune porte derrière elles, et vraiment s'il avait frappé ou appelé, Christophe faisait un tel vacarme que personne n'aurait pu entendre autre chose que sa voix.

La première pensée du curé, en voyant le désordre des appartements autrefois si bien tenus, fut que la confusion devait régner dans l'esprit de Bénédicte puisqu'elle dédaignait cet arrangement soigneux qui exprime toujours la régularité, la délicatesse du tact de celle qui commande.

Mais en entendant les accents irrités de monsieur Laroze et quelques mots d'anathèmes dont il foudroyait les classes soi-disant privilégiées, le curé se sentit encore bien plus profondément affligé en songeant à la vie que Bénédicte aurait près de son père, et que lui-même, hélas ! venait lui faire accepter.

Lorsqu'elle parut, le prêtre fut frappé de l'altération de ses traits, et il lui demanda avec intérêt si elle n'était pas malade ; elle l'assura qu'elle était plus accablée moralement que physiquement. Elle lui raconta quel effet désastreux venait de produire la visite de sa tante. Il n'en fut pas surpris, parce que, d'après lui, les gens qui appartiennent encore au monde, qui en ont l'esprit, ne peuvent convertir ni améliorer les âmes, leurs forces s'épuisent dans l'agitation des questions secondaires. Ils forment des plans d'avenir, ils font des concessions à leur position terrestre, qui réveillent en eux trop d'idées personnelles pour qu'il n'y ait pas un contraste parfait entre les croyances qu'ils croient avoir et les impulsions qu'ils savent donner.

—Pour que la parole émeuve, disait-il, cette parole doit être née dans un cœur ému ; ainsi, ma chère fille, vous êtes destinée plus qu'une autre à briser toutes les résistances.

Cette phrase amena des larmes dans les yeux de Bénédicte ; elle avoua qu'après avoir longtemps espéré qu'elle améliorerait son père, elle ne voyait plus comment y parvenir.

Le curé secoua la tête et dit :

— Bénédicte, vous souvenez-vous, j'apprenais autrefois aux enfants de mon catéchisme les trois âges de la vie.

—Oui, dans le premier âge, dit-elle, Dieu nous comble de ses bienfaits sans nous demander presque de retour. Heureux âge, monsieur le curé ! heureux âge! Alors j'étais à Villefranche sous vos yeux , j'entendais vos bonnes leçons gaiement et sans méfiance de l'avenir.

— C'est ainsi que vous êtes arrivée au second âge; je vous ai vue alors, pleine d'ardeur , assurer que vous surmonteriez toutes les difficultés.

Bénédicte , vous disais-je , soyez moins confiante en vos forces.

— Moins présomptueuse , dit Bénédicte.

— Présomptueuse est un peu trop fort; le second âge est souvent présomptueux ; vous , ma chère enfant , n'aviez d'autre tort que d'ignorer les difficultés et de croire le bien facile à exécuter. Aussi vous souvenez-vous de ma dernière recommandation : Demandez à Dieu un cœur docileà ses lois ; Salomon ne fit pas d'autre vœu pour obtenir la sagesse.

— Salomon n'a pas toujours été sage , m'avez-vous répondu.

— Salomon a cessé d'être sage quand son cœur a cessé d'être docile , ma chère fille.

— Mais maintenant, interrompit Bénédicte, maintenant que je touche au troisième âge , pensez-vous donc que j'aie manqué de docilité ?

— Maintenant, Dieu nous prouve qu'on ne devient robuste qu'après avoir lutté , qu'on ne peut avoir droit à la récompense que lorsqu'on possède avec soi celui dont le secours est notre unique force. Cette heure du succès , vous y touchez , Bénédicte.

CHAPITRE XXX

LA DÉCISION.

Faites-vous pauvre, c'est-à-dire
dénué de tout désir des récompenses de la terre, et que ce soit
le sentiment douloureux de votre
pauvreté qui vous fasse vous
écrier, mais non le dégoût de
votre tâche.

(SAINT AUGUSTIN.)

oi, s'écria Bénédicte, moi au mo-
ment où tout m'abandonne, au moment
où je croyais devoir même renoncer...

— Renonce-t-on à continuer le sacrifice d'expiation que Jésus-Christ a légué à ses élus ?

— Me l'a-t-il vraiment légué à moi ?

— Il nous le lègue à tous, mais il y a certaine
tâche d'évangélisation qu'il ne lègue qu'à quelques-
uns, c'est leur noblesse à eux : savoir souffrir, savoir évangéliser, sont deux grandes conditions
d'harmonie dans la plénitude de la perfection ; c'est
bien plus que toutes les distinctions humaines, Bénédicte.

Le curé n'hésita pas alors à aborder avec Bénédicte toutes les questions déjà traitées chez mesdames de Grival ; il lui dit que, pour convertir les
âmes qui nous sont chères, nous devons commencer par faire *le sacrifice de nous-mêmes*. Or, faire

le sacrifice de soi-même, c'est frayer le chemin du Calvaire à ceux qui doivent y trouver la réhabilitation. Les religieuses, les filles de la charité se séparent d'elles-mêmes, elles abandonnent les aspects riants de la vie pour suivre des sentiers âpres et rocailleux ; elles épuisent tous les calices d'amertume pour toucher les cœurs insensibles à la foi et obtenir du ciel leur guérison ; mais les femmes qui renoncent volontairement au mariage, sans que ce soit le mariage qui renonce à elles, celles qui sont aimées, recherchées dans le monde et qui acceptent avec humilité les froissements qu'il leur fera subir, si elles ne suivent pas la loi commune, ne se séparent-elles pas encore bien positivement *d'elles-mêmes* ? Leur sacrifice est-il moins vrai, parce qu'il est moins bien compris ? Elles ont renoncé à tout sans que personne songe à les admirer ; mais il y a déjà chez elle ce mystère de la volonté humaine enfanté par le christianisme quand elles consentent, par amour pour Jésus-Christ, à s'entendre appeler *vieilles filles* et à vivre isolées.

Bénédicte cacha sa tête dans ses mains et resta quelques instants silencieuse.

— Eh bien ! demanda le prêtre.

— Mon père, dit-elle enfin, il y a des mystères inconcevables dans mon âme, je ne puis m'expliquer pourquoi, après avoir promis à mon père que je vivrais près de lui, je me sens douloureusement oppressée.

— Votre promesse a peut-être été surprise et votre cœur ne l'avait pas ratifiée. S'il en est ainsi, réfléchissez encore. Préférez-vous quelqu'un à votre père, ou plutôt vous préférez-vous vous-même ?

— Je ne veux plus réfléchir, répondit-elle, ce serait simplement donner des armes à cette faiblesse qui m'accable ou aux regrets !...

— Je ne le pense pas, mon enfant, la vraie liberté de l'esprit ne s'obtient qu'en sachant triompher de soi-même et vous en triompherez, j'en suis sûr. Je vous assure, Bénédicte, que tout ce qui offre au premier abord l'image d'un perpétuel refoulement, est au contraire pour l'avenir la condition la plus sûre d'estime et de contentement. On se sait gré d'avoir pu se vaincre et les jugements du monde deviennent bien puérils.

Que vous fera le regard dédaigneux de telle ou telle petite madame, enchantée de compter dans la société, tandis que vous paraîtrez à l'écart ?

Vous aurez le sentiment de votre sacrifice, il sera votre titre de noblesse, et de plus vous serez inscrite dans ce fameux livre mystérieux où les yeux humains ne savent plonger...

— *Les balances du bon Dieu*, dit-elle en essuyant deux grosses larmes qui roulaient sur ses joues.

— Oui, ma chère fille, les balances où le Seigneur pèse tout ce qui offre un poids quelconque de charité et d'amour divin.

Maintenant, adieu, dit le prêtre, je reviendrai vous voir, je reviendrai souvent pendant mon séjour à Paris. Si vous devez retourner à Villefranche, ncus aviserons au moyen de vous y bien installer ; si au contraire vous restez ici...

— Non , s'écria-t-elle , non , je comprends bien qu'il faut partir.

— Attendez pour prendre une décision positive , Bénédicte ; il n'y a que les choses faites lentement et avec réflexion qui soient durables.

Le curé s'éloigna en promettant de revenir le lendemain , mais dans la journée il reçut déjà la lettre suivante :

« Mon vénérable ami ,

» Vous avez beau dire , en face d'une décision » réclamée par le devoir, il faut agir sans délai.

» L'autorité divine me défend de discuter ses or- » dres , dites-vous, et l'obéissance que vous me » conseillez sera la force réelle de mon âme. Pour- » quoi donc attendrais-je qu'un démon tentateur » vienne souffler sur mes résolutions ou les » ébranler ?

» Non , mon père , non , je ne veux plus tarder.

» Les balances de Dieu dont vous m'avez présenté » l'image me font l'effet de deux plateaux sans cesse » agités devant mes yeux.

» Ils rejettent tout ce qui est or , tout ce qui est » argent , parce qu'ils sont de ce métal eux-mêmes » et qu'ils ne supportent que des œuvres.

» Les miennes jusqu'ici étaient peu méritoires ; je » commencerai enfin à pouvoir me dire (et cette pen- » sée doit me consoler) que je puis compter une

» œuvre dans les balances de Dieu. Vous désirez
, avoir aussi la réponse positive à donner à Gustave,
» j'ai deviné cela.

» Montrez-lui donc cette lettre , dites-lui que je
» soignerai mon père sans constituer à personne le
» droit de m'arracher à ce devoir , en un mot que
» je ne me marierai jamais.

» S'il trouve ma réponse bien sèche , dites-lui
» encore tout ce que vous jugerez couvenable pour
» l'adoucir ; puis faites-lui lire cette phrase du livre
» bleu :

» *Quand le dévouement asservit la créature , les bé-*
» *nédictions se succèdent et les vertus généreuses assu-*
, *rent une éternelle royauté aux familles où le sacri-*
» *fice a fait loi.*

» Qu'il épouse donc mademoiselle de Thiarre ,
» comme vous le souhaitez tous ; qu'il devienne
» l'organe des causes justes ; mes prières et mes
» vœux ne cesseront pas de lui appartenir.

» Mais au moins, mon vénérable ami , permettez-
, moi de réclamer le secours si efficace des vô-
» tres , pour que je demeure à la hauteur de ma
» mission. »

CHAPITRE XXXI

LA PORTE SE FERME

———

> Les trésors de l'iniquité sont en-
> core dans la maison de l'impie
> comme un feu qui la consume,
> et la fausse mesure dont il se
> sert est pleine de la colère de
> Dieu.
>
> (MICHÉE, VI.)

Christophe avait enfin dîné sans observer de régime. Il était gai, satisfait depuis quelques minutes et par conséquent accessible à la discussion. Bénédicte en profita pour reparler de Villefranche et presser le moment du départ.

Son père parut étonné, il lui rappela que Villefranche était une bien petite ville où on mourait d'ennui, qu'elle-même, à une autre époque, avait instamment réclamé d'en partir ; qu'elle avait alors un profond mépris pour l'inoccupation et pour les gens qui ne songent qu'à soigner leur carcasse osseuse ou à reposer leur embompoint boursoufflé.

— Avouez, ma fille, que vous êtes paradoxale, s'écria Christophe évidemment mis en bonne humeur par son repas fortifiant, tantôt vous prétendez que mon esprit s'éclairera d'autant plus que je marche dans de plus épaisses ténèbres, tantôt vous dites avec le même aplomb que les croix diminuent de longueur quand ou les accepte avec résignation. Enfin vous prétendez aujourd'hui que le bonheur peut exister dans un pays que vous ne supportez pas. Ah ! Bénédicte, Bénédicte, que veulent dire ces contradictions !

— Il n'y a pas de contradictions, mon père, répondit-elle doucement, l'esprit règne sur lui-même quand il se pose une frontière. Villefranche sera notre frontière.

— Une frontière ! comment, vous qui parlez sans cesse de l'infini, vous venez ainsi limiter ma pensée et la vôtre !

— L'infini est partout dès qu'on s'affermit assez dans l'amour divin pour en faire sa seule force et sa seule espérance, répondit-elle.

— Voilà donc où nous allons aboutir après huit années de séjour à Paris, murmura Christophe sans écouter la réponse de sa fille. Nous reviendrons dans notre village, et l'horloge se sera tout simplement arrêtée.

Il y eut un moment pénible où monsieur et mademoiselle Laroze restèrent silencieux.

— Vous auriez pu vous marier là-bas, Bénédicte, dit Christophe au bout de quelques minutes. Rodolphe Chevenon et Francisque Sercel désiraient vous épouser ; ils avaient de la fortune et l'autorité relative qui charme les bons bourgeois ; peut-être auriez-vous bien fait d'accepter jadis.

Bénédicte ne répondit pas.

— Vous rappelez-vous comment vous vous expri-
miez alors ? Vous prétendiez que jamais vous n'accep-
teriez un mari sans profession.

— C'est bien possible , dit-elle distraitement.

— Oui, vous haïssiez les flaneurs qui s'inquiètent
des détails du ménage pour passer le temps , qui se
féminisent , qui cancannent , qui font leur raie de
cheveux , toujours pour se distraire et tuer les jours
qui se succèdent sans intérêt.

Bénédicte soupira.

— Voilà donc la vie que vous m'offrez , ma fille ?

— N'est-ce pas vous qui désirez partir , demanda
Bénédicte ?

— Certainement , Paris m'est odieux à plus d'un
titre et je désire respirer un air plus pur ; mais toi ,
reprit-il en tutoyant subitement Bénédicte comme il
le faisait chaque fois qu'il voulait établir ses droits
et se faire obéir , toi , ma fille , quel motif as-tu
pour vouloir fuir si vite ? Ton séjour à Paris a-t-il
donc été fatal , t'y es-tu nourrie d'illusions, de chi-
mères ?

Le ton de Christophe , en faisant cette question ,
reprenait les intonations irritées qui lui étaient familières et sa fille fut frappée de l'expression rude de
sa physionomie.

— Si cela est , répondit-elle en affermissant sa
voix , vous ne pouvez que me savoir gré d'y mettre
un terme ; ainsi , mon père , cessez d'en paraître
mécontent et prenez définitivement un parti. Dois-je
annoncer à ma tante de Bertray notre départ et écrire

au curé de Villefranche de nous chercher un logement ?

— Nous n'avons pas besoin du curé de Villefranche et les logements se trouvent sans lui. Quant à votre tante, je ne vois pas que vous ayiez rien à lui apprendre.

— Je vous demande pardon, reprit-elle avec fermeté, ma tante a droit à mes égards et mon autre parente Maria de Grival est venue me prier, si vous consentiez à partir, de l'annoncer solennellement ce soir chez la marquise de Bertray.

— Voilà qui est fort, s'écria Christophe.

— Tante Maria de Grival, continua Bénédicte avec le même calme apparent, désire que son neveu accède au vœu de toute sa famille, qu'il épouse mademoiselle de Thiarre.

— Cela ne nous regarde pas, cria monsieur Laroze ; qu'il épouse qui il voudra. Je pense que, s'il vous avait épousée, vous étiez d'assez bonne maison pour lui et que votre tante Maria n'avait rien à redire...

— Il ne s'agit pas de cela, ma tante désire qu'il sache, qu'il m'entende affirmer...

— Quoi donc enfin ?

— Que je pars volontairement, librement, et que je ne vous quitterai jamais.

Christophe baissa la tête et parut mal à l'aise.

— A quoi bon dire ces choses, connaît-on l'avenir ! Faites-lui signifier simplement de ne pas songer à vous, cela suffit.

— Non , répondit-elle , cela ne saurait suffire, est-on venu m'affirmer ; il espère que le temps modifiera vos idées et les miennes , il faut donc en finir et lui rendre sa liberté.

Christophe ne reprit pas un mot.

Bénédicte se leva , chercha dans l'appartement sa palatine de fourrure et prévint son père qu'elle allait l'abandonner pendant quelques instants.

Il ne chercha nullement à l'en détourner et cependant sa figure trahit une lutte intérieure : ses sourcils s'étaient contractés ; sa main droite , appuyée sur la table , froissait inexorablement un journal ; les veines de la main étaient gonflées et l'ongle du pouce pénétrait avec impatience dans le papier. Evidemment, au fond de sa conscience , un assaut se livrait.

Etait-ce son anthipathie , sa haine pour son neveu qu'il combattait !

Bénédicte l'espéra presque. Un instant elle le vit étendre le bras comme s'il allait porter un fardeau courageusement et surmonter ses préventions.

Cependant elle fit du bruit en marchant sans qu'il la prévînt d'attendre encore. Elle fit crier les gonds de la porte en l'ouvrant avec lenteur sans qu'il prononçât une seule parole ; elle la tenait encore avec indécision, et les ferrements , frottés lentement les uns sur les autres , gémissaient désagréablement lorsque Christophe frappa du pied.

— Finissez-en de fermer la porte , Bénédicte , cria-t-il.

Ainsi retomba pour elle la porte du bonheur terrestre ; sans hésiter elle fut fermée.

Bénédicte descendit ensuite l'escalier avec la fermeté d'une personne dont la résolution est irrévocablement prise , et au moment où elle sonna chez la marquise de Bertray, elle songeait à cette phrase du livre bleu :

« Le vrai disciple du Christ , c'est celui qui se
» sépare de lui-même pour obéir à son devoir ,
» quelle que soit son inclination. »

CHAPITRE XXXII

MESDAMES DE THIARRE.

Puis-je, dit le Seigneur , ne pas
condamner la balance injuste et
le poids trompeur du sac.
(MICHÉE, VI.)

uand mademoiselle Laroze sonna chez la marquise de Bertray , un valet en livrée vint ouvrir ; mais la rusée femme de chambre surveillait l'entrée de tous les arrivants.

Elle se présenta devant Bénédicte dès qu'elle l'aperçut.

— Mademoiselle arrive bien tard , dit-elle , madame n'est plus seule.

— Je le sais , répondit froidement Bénédicte.

— Ah ! mademoiselle sait que mesdames de Thiarre sont dans le salon !

Bénédicte fit un mouvement et faillit retourner en arrière.

Esther sourit.

— Mademoiselle doit effectivement le savoir , madame la marquise l'avait prévenue de venir de bonne heure si elle ne voulait pas trouver ces dames ; en outre monsieur le baron de Cervannes et monsieur Stalberg viennent d'entrer.

— Quoi, le baron de Cervannes, Stalberg ! s'écria Bénédicte fort surprise.

— *Monsieur* Stalberg ! reprit avec impertinence Esther en faisant ressortir l'appellation familière dont Bénédicte s'était servie ; il est présenté à madame par monsieur Gustave de Grival.

Mais déjà Bénédicte n'écoutait plus, elle s'était remise à marcher avec une régularité qui annonçait une résolution inébranlable.

Son esprit devait cependant être troublé, pensa Esther, car elle n'ôta pas sa palatine de fourrures avant d'entrer dans le salon ; elle s'arrêta même sur le seuil et parut s'efforcer de regarder sans éblouissement le tableau qui se déroulait devant elle.

Le salon de la marquise était éclairé *a giorno* comme si elle attendait une société nombreuse et élégante. Elle-même était parée, elle avait revêtu une robe de moire grise garnie de dentelles noires qui luttait fort avantageusement avec la brillante robe de soie à carreaux d'une grosse madame bien fraîche, bien endimanchée, qui s'épanouissait au milieu d'un flot de rubans chatoyants, de blondes vaporeuses et de boucles de cheveux serpentines tout à fait intéressantes.

Mademoiselle Maria de Grival était assise près de cette dame évidemment étrangère.

La bonne demoiselle était vêtue de couleurs sombres suivant ses habitudes ; mais elle avait ce soir-là un certain air important que son bonnet de dentelles noires et blanches venait attester ; elle se penchait continuellement avec intérêt vers une grande et forte jeune fille brune , chamarrée d'une toilette verte et d'une infinité de petites ruches gaufrées. Cette jeune fille travaillait assidument à une tapisserie pour se donner une contenance ; sa physionomie semblait fort douce , mais elle osait peu regarder autour d'elle.

Debout devant la cheminée se tenait le baron de Cervannes ; ses cheveux gris et rares étaient soigneusement étendus sur son crâne étroit, son col de chemise on ne peut plus régulièrement ajusté avec son menton ; il relevait alternativement les basques de son habit et chacun de ses pieds était rigoureusement emprisonné dans d'irréprochables bottines.

Il y avait déjà près d'une demi-heure que le baron discutait sur les équilibres qui s'établissent entre la sagesse et les facultés humaines.

Stalberg , placé fort près de lui , écoutait en souriant et répondait par quelques monosyllabes, tandis que Gustave de Grival, auquel le baron faisait l'honneur de s'adresser directement , semblait ne pas entendre et être parfaitement indifférent à toute provocation.

Quant à Jeanne , elle avait rejeté résolument sa coiffure en arrière, comme si elle entrevoyait une position désespérée. On ne pouvait certes pas l'accuser de chercher à plaire et de manquer de naturel, cette chère petite Jeanne ; mais ce soir-là vraiment on pouvait l'accuser de trop montrer à mesdames de Thiarre qu'elle les appréciait médiocrement et d'avancer toujours son petit minois du côté du baron pour faire des réflexions malignes et presque désobligeantes pour lui. La position commençait à devenir délicate quand Bénédicte entra.

— Voilà Bénédicte , cria Jeanne , voilà enfin notre chère Bénédicte.

Bénédicte ! à ce nom toutes les conversations furent suspendues , tous les regards se dirigèrent vers celle qui entrait , puis se reportèrent avec curiosité ou inquiétude les uns au-devant des autres.

— C'est vous ! chère enfant , dit d'un ton presque mécontent la marquise ; comment venez-vous si tard ?

— Comment, vous , mademoiselle ! dit le baron en s'inclinant obséquieusement tout en surveillant Stalberg , c'est vraiment un bonheur inattendu et fort rare.

—Oh ! cette bonne Bénédicte, dit tante Maria , tandis que madame de Thiarre lui disait à voix basse en déposant sur son épaule une partie de ses *repentirs* ondulés :

— Je vous en prie , dites-moi qui est cette demoiselle.

— C'est notre cousine , notre sœur , notre amie , cria Jeanne qui venait d'entendre la question , elle est la plus dévouée et la meilleure que je connaisse.

Tout en parlant ainsi , la jeune fille s'élançait au-devant de Bénédicte et cherchait à l'entourer de ses bras comme elle faisait toujours quand elle montait chez elle.

— Finissez , je vous en supplie , Jeanne , reprit avec embarras mademoiselle Laroze en s'arrachant des étreintes de la jeune fille , vous me faites jouer un rôle ridicule.

— Jeanne , pas tant d'enfantillages, dit d'un ton sec mademoiselle de Grival , vous ennuyez votre cousine.

— Vous avez jeté par terre la palatine de fourrure , dit à son tour mademoiselle de Thiarre qui regardait cette petite scène avec surprise.

Stalberg s'élança pour la ramasser. Jeanne l'avait déjà saisie.

— Pardon , monsieur , dit l'enfant mutin , mais cette palatine est mon droit , je l'ai touchée la première , je ne la rendrai que lorsqu'il sera convenable de laisser repartir Bénédicte.

— Donnez , donnez , repartit enfin Bénédicte un peu remise de l'étourdissement causé par cette entrée bruyante ; je resterai fort peu , mon père a besoin de moi. Soyez douce, petite Jeanne , murmura-t-elle tout bas , donnez cette palatine.

— Ne la rendez pas , mademoiselle, dit très-haut le baron , mademoiselle votre cousine vient tard et doit rester longtemps. Sa présence est trop rare pour qu'elle ose nous menacer de nous en priver.

— Je ne suis cependant venue que pour parler de départ , dit Bénédicte d'un accent timide.

— De départ, s'écria le baron surpris !

— Oui , monsieur , reprit-elle avec plus de fermeté , nous quittons Paris. Ma tante, poursuivit-elle

en se tournant vers la marquise , mon père vous
fait part de sa nouvelle décision , il vous rend votre
appartement et retourne habiter Villlefranche.

— Est-ce bien à moi que vous parlez , repartit la
marquise paraissant sortir d'un rêve ? Votre père ,
dites-vous...

— Va se fixer à Villefranche , on lui cherche déjà
un appartement.

— Effectivement, dit Stalberg en faisant un signe
de tête affirmatif, comme si la nouvelle lui était
déjà parvenue.

Bénédicte était trop préoccupée pour y prendre
garde ; mais le baron avança immédiatement sa
lèvre inférieure sur l'autre lèvre et jeta sur Stalberg
un petit regard fauve qui ne présageait rien de
bon.

— Voilà certainement une décision étrange , murmura-t-il en fronçant le sourcil.

— Oui, fort étrange, dit la marquise en prenant
sa tabatière et l'agitant sans pitié. On prétendait au
contraire , ma nièce , dit la marquise , que votre
père songeait à la députation ; ce ne serait pas le
cas d'abandonner votre appartement à Paris.

— Mon père est aveugle, répondit Bénédicte sourdement , ét s'il a pu prêter l'oreille aux propositions
qui lui ont été faites, il a été vite rappelé à la réalité,
il ne désire plus aujourd'hui qu'un changement d'air
heureux pour sa santé.

— « Un fou rempli d'erreurs que le trouble accompagne,
Est malade à la ville ainsi qu'à la compagne, »

grommela le baron entre ses dents.

Bénédicte entendit et rougit, Stalberg s'éloigna du baron avec impatience.

Jeanne bondit.

— Il a raison, *mon cousin* Christophe, dit-elle, de vouloir respirer un autre air ; celui-ci est pesant et fait songer à cette phrase du Dante : *Il ricco e oro difuori, di dentro e ferro* (1).

— Mademoiselle Maria permet à sa nièce des lectures qui lui donnent une grande érudition, dit le baron d'un air moqueur ; je vous fais mon compliment, mademoiselle Jeanne, mais veuillez me dire à qui s'adresse votre boutade.

— A ceux que j'ai reconnus encore dans un autre livre, reprit la jeune fille d'un air menaçant ; car je lis beaucoup, vous le voyez.

— Et ce fameux ouvrage où les caractères sont stéréotypés ?...

— Est tout à fait mystérieux, monsieur, il est bleu de couverture comme l'azur du ciel, mais l'intérieur est difficile à comprendre pour ceux qui le lisent trop vite ou trop peu ; il s'appelle *les Balances du Bon Dieu.*

— Je suis curieux de savoir ce que vous avez compris.

— Oh ! j'y ai vu souvent figurer l'histoire du publicain et du pharisien de l'évangile ; l'un se tient

____

(1) Le riche est d'or extérieurement, à l'intérieur il est de fer.

debout comme la justice humaine et se couvre de hochets attestant son mérite ; l'autre , humblement abîmé sous le poids de ses regrets , n'a plus que Dieu pour confident et pour ami.

— Jeanne parle beaucoup pour son âge , dit la marquise.

— Jeanne a bientôt dix-huit ans , répondit à voix basse tante Maria , elle n'est plus une enfant comme sa petite taille l'annonce.

Jusque-là , Gustave était resté immobile , il avait la main gauche passée entre les boutons d'un habit sévèrement fermé jusqu'au cou , il tendit l'autre à sa sœur quand la marquise parut la blâmer , et il dit par manière d'excuse :

— Jeanne est une bonne fille.

— Oui , une bien bonne fille , ajouta tante Maria en poussant un soupir, et dans ce moment je ne pourrais la réprimander.

En entendant tante Maria s'exprimer ainsi , mademoiselle de Thiarre laissa tomber sa tapisserie sur ses genoux et se hasarda enfin à regarder autour d'elle.

— Voulez-vous me présenter à votre cousine , demanda-t-elle à Jeanne avec timidité ?

Jeanne regarda Bénédicte et dit avec hésitation :

— Voulez-vous être l'amie de mademoiselle de Thiarre , Bénédicte ?

Cette question fit tressaillir mademoiselle Laroze, ses joues se colorèrent de nouveau , puis devinrent très-pâles , et Jeanne lui ayant pris la main et l'ayant placée dans celle de mademoiselle de Thiarre , elle sentit ses yeux se remplir de larmes. Aussi la pressa-t-elle avec une expression qui fit tressaillir la jeune fille, et toutes les deux, irrésistiblement entraînées l'une vers l'autre , se rapprochèrent et s'entretinrent.

Gustave, très-étonné de voir Bénédicte causer avec mademoiselle de Thiarre, fit attention à cette dernière qu'il n'avait pas encore regardée. Ces trois jeunes filles , si on ose appeler encore Bénédicte une jeune fille , formaient un groupe charmant.

Jeanne , debout près de sa cousine , avait une physionomie méridionale , des teintes chaudes, l'expression vive des têtes du Titien ; elle se balançait, s'agitait en parlant comme une enfant qui a encore besoin d'exercice.

Bénédicte , assise près d'elle, faisait un contraste parfait ; elle avait la peau d'une blancheur mate et une finesse de traits qui dénotaient tout à la fois une délicatesse et une sensibilité extrême , tandis que la pureté de son profil et l'énergie calme de son regard témoignaient d'une force morale qui arrachait à sa modestie le secret de son âme.

Mademoiselle de Thiarre était en face d'elle comme une vraie plante vivace , comme une plante des montagnes bien traitée du soleil et reconnaissante des dons du Seigneur. Sans être jolie , elle était fraîche , ses cheveux abondants , ses dents blanches et sa grande et forte taille constituaient une belle fille; elle n'avait ni la tenue gracieuse ni l'aplomb d'une femme du monde ; mais elle avait une expression de bonté, à laquelle on ne pouvait se méprendre, et si elle n'avait pas encore un esprit complet, elle devait nécessairement être animée déjà de ce qu'on appelle un bon esprit.

CHAPITRE XXXIII

De la bouche de la médisance
sort une épée à deux tranchants,
dit l'Apocalypse ; la mauvaise
langue tue celui qui s'en sert
et ceux qu'elle attaque.

A mesure que Bénédicte parlait , il se produisait d'étonnants changements dans tout l'extérieur de mademoiselle de Thiarre et il semblait qu'elle se déraidissait à vue d'œil , comme si Bénédicte lui envoyait un reflet invisible de sa suavité et de sa grâce.

Bénédicte ne l'entretenait cependant d'aucun sujet extraordinaire ni élevé , elle causait avec elle de ce Paris qu'elle allait quitter et de Villefranche qu'elle allait revoir, elle en parlait sans recherche mais avec cet accent ému qui ajoutait pour ainsi dire une musique éloquente à tout ce qu'elle disait.

— Quel dommage , dit tout-à-coup mademoiselle de Thiarre , que vous partiez juste au moment où j'arrive ; j'aurais eu tant de bonheur à vous voir et à vous entendre , mais j'espère que nous nous retrouverons, si ce n'est ici, au moins à Villefranche quand j'y retournerai.

Bénédicte voulut répondre , mais ses paroles s'éteignirent sans qu'elle pût en prononcer une seule et deux grosses larmes restèrent suspendues à ses cils.

— Ce départ est-il donc irrévocable , dit Jeanne ?

Gustave s'avança pour entendre la réponse.

— Est-ce irrévocable ? répéta-t-il.

— Oui, irrévocable, répondit Bénédicte en se levant , je quitte Paris pour n'y plus revenir.

— Alors , restez encore , mademoiselle , reprit mademoiselle de Thiarre, nous désirons tous ici vous conserver le plus longtemps possible.

Elle avait dit *nous* sans songer à la portée que chacun donnait à ses paroles. Tante Maria regarda la marquise et lui fit un signe d'intelligence : la vieille dame y répondit faiblement. Elle était sous l'influence des confidences que le baron ne cessait de lui faire et elle ne paraissait ni disposée à retenir sa nièce ni à lui faire un compliment aimable.

Quand elle vit Bénédicte reprendre sa palatine et se lever , elle se leva également et lui dit avec assez de sécheresse en lui faisant signe de se mettre à l'écart :

— Vous auriez pu avoir plus de confiance en moi , il me semble, et me prévenir plus tôt de vos projets.

— Cette décision n'est prise que depuis quelques minutes à peine , répondit Bénédicte.

— Comment se fait-il alors qu'elle soit connue de ce jeune homme , dit la marquise en se redressant de toute sa taille et désignant Stalberg. Nierez-vous aussi qu'il se soit fait présenter chez moi ce soir à votre instigation.

— Hélas ! je nie tout , répondit Bénédicte attérée, ce jeune homme , je le connais à peine. Oh ! ma tante, me réserviez-vous encore la douleur de voir mes intentions méconnues !

Elle n'entendit pas la réponse. Mademoiselle Maria de Grival vint rompre ce tête-à-tête qui l'inquiétait et remercier Bénédicte en termes chaleureux. Personne parmi les assistants ne comprit la portée de ce remercîment , excepté Gustave ; il en fut irrité.

Il s'avança même pour dire à sa tante Maria qu'elle avait dépassé les droits qu'il lui accordait , qu'il devinait enfin pourquoi Bénédicte était venue déclarer devant lui son départ. Mais il n'osa le faire lorsqu'il leva les yeux sur Bénédicte.

La physionomie triste et résignée de mademoiselle Laroze exprimait si bien les nobles vertus de souffrances et de courage qu'elle opposait aux événements , que monsieur de Grival se rappela les paroles qu'avait prononcées le curé le soir même :

— Souvenez-vous surtout , Gustave , que vous devez être trop chrétien pour l'arracher aux devoirs que Dieu lui impose ; laissez-la donc agir comme sa conscience et son cœur sauront le lui inspirer.

La marquise retourna magistralement s'asseoir dans son grand fauteuil et lança un regard hautain et mécontent sur tous ceux qui l'entouraient.

— Je ne sais vraiment, dit-elle au baron en lui tendant sa tabatière dans laquelle il puisa délicatement, je ne sais à quel jeu nous jouons ce soir, comprenez-vous quelque chose aux remerciements de mademoiselle de Grival?

— Sa nièce Jeanne pourrait certainement nous les expliquer, répondit monsieur de Cervannes en montrant à la marquise la pantomime animée à laquelle se livrait la jeune fille tout en parlant bas à sa cousine.

— Allez, Jeanne, allez rejoindre mademoiselle de Thiarre, répondait simplement Bénédicte, mon père m'attend, je dois m'éloigner sans plus de délais. Je vous confie ma jeune amie, continua-t-elle en s'efforçant de sourire et en s'adressant directement à mademoiselle de Thiarre.

Cette jeune fille se leva aussitôt et vint droit à Bénédicte en lui tendant la main ; elle ne la tendit pas banalement comme l'usage semblerait le laisser croire, mais il y eut dans l'adieu de ces deux femmes qui venaient seulement de se rencontrer pour la première fois, quelque chose de solennel qui les fit tressaillir l'une et l'autre. Vraiment on a beau assurer dans le monde qu'il y a toujours un retranchement hostile dans le cœur de celle qui aperçoit une rivale, il n'y eut dans le cœur de Bénédicte qu'un déchirement passager dont elle triompha, tandis qu'il existait déjà chez mademoiselle de Thiarre un de ces entraînements irrésistiblement sympathiques qu'on s'explique difficilement, mais qui est le résultat naturel de la supériorité morale dont on a la révélation et dont on subit l'influence.

Je vous confie tous ceux que j'aime, reprit encore Bénédicte à voix basse ; puis elle s'éloigna sans oser regarder autour d'elle.

Quant à Jeanne , quoiqu'elle fût *confiée* à mademoiselle de Thiarre par Bénédicte , elle ne voulut pas absolument quitter sa cousine, et sous prétexte de l'aider à remettre la pélerine en question , elle sortit du salon en même temps qu'elle.

CHAPITRE XXXIV

ON PARLE DE BÉNÉDICTE.

Un homme passionné change le
bien en mal, et croit le mal
aisément ; l'homme paisible
et bon ramène tout au bien.

(Imitation, liv. 2, ch. 3.)

ademoiselle, dit madame de Thiarre
en renfonçant son double menton dans
son cou potelé, vous venez de remer-
cier votre jeune cousine avec bien de l'effusion, elle
vous a donc rendu un vrai service.

Il y a des mots qui agacent ; vraiment celui-ci
produisit sur mademoiselle de Grival cet effet
crispant.

— Oui, répondit-elle avec un léger mouvement
d'impatience, Bénédicte ne sait faire que du bien à
ceux qu'elle approche. Elle vient de nous rendre
service à tous, madame, à vous aussi surtout.

— A moi !

Madame de Thiarre parut surprise, elle répondit
en se pinçant les lèvres :

— Je n'avais jamais eu le plaisir de la rencontrer,
je ne me croyais pas son obligée.

— La rencontrer n'est pas seulement un plaisir,
madame, reprit mademoiselle de Grival surexcitée

par l'air important de la bonne dame; mais Jeanne prétend que sa cousine ressemble à un rayon de soleil qui éclaire et réchauffe.

Madame de Thiarre pensa que ce langage était prétentieux, et qu'en province on s'exprimait plus simplement; elle se hasarda cependant à répondre :

— Mademoiselle Jeanne est enthousiaste !

— Jeanne est très-enthousiasmée de sa cousine, c'est vrai; rien ne lui paraît digne de lui être comparé.

— Sa cousine n'est cependant plus fort jeune, répartit la noble provinciale en examinant sa fille avec complaisance; elle n'a plus de fraîcheur, plus d'embonpoint, plus de gaîté, dirait-on.

— L'âme n'a pas d'âge, répondit tante Maria vivement et aigrement, Bénédicte n'est qu'une âme pour ceux qui la connaissent et qui l'apprécient.

Décidément tante Maria avait des remords ; le dévouement, l'obéissance de Bénédicte venaient troubler l'entrevue qu'elle avait préparée ; mais la bonne dame, qui l'ignorait, fut de plus en plus surprise en voyant les éloges atteindre des limites si vastes qu'ils touchaient presqu'à la poésie. Elle craignait vraiment pour le bon sens des Grival.

— Ils ont tous un coup de marteau, dit-elle bas à sa fille.

— Pourquoi donc, maman ?

— Mais ce jeune homme reste impassible à l'examiner sans mot dire, les femmes ne voient, n'entendent, ne comprennent que leur Bénédicte, et...

— Je suis de même, répondit brièvement mademoiselle de Thiarre, leur Bénédicte me charme, je sens que je l'aimerai.

Madame de Thiarre fut stupéfaite.

— Tu ne la connais pas, murmura-t-elle.

— Je la devine alors, car je me suis sentie émue en la quittant.

Madame de Thiarre regarda sa fille pour voir si elle paraissait posséder tout son bon sens, elle fut surprise de la trouver rêveuse et préoccupée.

— Serais-tu souffrante, demanda-t-elle avec intérêt?

— Pas du tout, reprit mademoiselle de Thiarre, ennuyée de ce petit aparté, je me porte fort bien, trop bien, ajouta-t-elle plus haut en souriant; je voudrais, au prix d'un peu de souffrance, ressembler à cette charmante personne qui nous quitte.

— Voilà bien le propos le plus déraisonnable que vous puissiez émettre, s'écria la noble provinciale en agitant ses cheveux ondulés, son bonnet à rubans, et laissant tomber son mantelet de dentelle en arrière en signe de contrariété. Comprend-on cette jeunesse insouciante qui fait fi d'un tempérament robuste et voudrait se sentimentaliser. C'est la première fois, oh! la première fois que j'entends ma fille tenir un semblable langage.

Jeanne rentra comme elle achevait cette phrase dans le salon; elle se jeta sur une chaise en faisant des gestes désespérés et s'écria :

— Bénédicte est désolée de s'éloigner, j'en suis sûre, cependant c'est elle qui fait partir son père, c'est elle qui lui affirme qu'elle désire retourner à Villefranche.

—Bénédicte est une personne sage, ma chère, dit sentencieusement tante Maria, elle sait que, pour céder à tous les entraînements, il faut n'avoir ni la crainte du châtiment, ni le respect dû aux institutions divines.

— Oh ! quelle phrase solennelle, ma bonne tante ! Pourquoi venez-vous parler de châtiment, parlez plutôt de récompense, expliquez-moi quel châtiment mériterait cette chère âme si elle cherchait à échapper au joug qui la tue ?

— Jésus-Christ a-t-il rejeté la croix parce qu'elle était pesante et qu'il ne la méritait pas, Jeanne ? Il a dit : Mon Dieu, que votre sainte volonté soit faite, et dès-lors les anges se sont approchés pour l'aider à la porter.

— Oh ! ceci est bien beau, dit la jeune fille, mais pour se résigner à l'imiter, il faut une trempe d'esprit supérieure, il faut être une Bénédicte.

—Une chrétienne, dit tante Maria.

—J'ai donc encore bien à faire pour l'être entièrement, reprit la jeune fille ; non seulement je ne puis voir entraver ma liberté, mais je souffre de voir entraver celle des autres.

— Il faut espérer qu'avec les années, les réflexions et votre bon sens naturel, vous changerez, ma nièce.

—Mademoiselle Jeanne, dit Stalberg en se mêlant

à la conversation , aimerait peut-être les principes
de 89 qui déclarent :

« Que la loi est l'expression de la volonté géné-
» rale et qu'à elle seule appartiennent l'usage et le
» profit de la force publique ;

» Que l'homme est libre de faire tout ce qu'il veut
» dès qu'il ne nuit pas à autrui. »

— Entendez-vous , madame , dit le baron à la
marquise ? ce jeune Stalberg cite 89 !...

Pourquoi ne le citerais-je pas, monsieur, poursuivit Stalberg en souriant , c'était la déclaration
des droits de l'homme.

— Il y était dit également, reprit le baron, que les
intérêts matériels , sociaux , étaient du ressort ex-
clusif du pouvoir ; qu'il en jugeait sans encourir de
responsabilité envers une autorité morale ou religieuse.

— Sont-ce là vos principes , Jeanne , dit la marquise d'un ton ironique ?

La jeune fille fit une moue dédaigneuse.

— Non , dit-elle , non , j'ai horreur des croyances qui concilient si étrangement le bien et le mal.

— Alors , que voulez-vous donc , mademoiselle ,
demanda madame de Thiarre ?

— Madame , reprit Jeanne , je voudrais simplement détruire l'âpreté dont on revêt la vertu , pour
la rendre plus aimable.

— Voilà une bien singulière idée.

— L'idée n'est pas singulière, madame, dit Jeanne
en regardant la marquise ; si on se montrait plus

affectueux pour Bénédicte, *on* lui ferait peut-être accepter sans amertume les devoirs douloureux qu'elle s'impose.

Gustave de Grival regarda aussi la marquise et prononça d'un ton saccadé :

— La vertu est quelquefois bien amère.

— Gustave, dit madame de Bertray en se redressant sur son fauteuil et lui faisant de la main un signe impératif, vous ne savez pas quelle cause vous voulez défendre, Bénédicte est moins à plaindre que nous ne le supposons tous ; mais le serait-elle beaucoup, vous avez le tort d'encourager votre sœur à la rébellion.

— La rébellion ! ma tante, répéta la jeune fille !

— Juger l'acte d'un supérieur est déjà une rébellion tacite, Jeanne, je suis bien aise de vous l'apprendre si Maria vous le laisse ignorer. Ensuite j'ai parlé tout-à-l'heure sévèrement à Bénédicte, je n'en disconviens pas, mais je suis bien aise encore de vous dire, et quelques-uns ici me comprendront à demi-mot, que j'avais le droit d'être mécontente.

— Non, ma tante, non, s'écria Gustave jusque-là témoin muet de cette scène. Vous avez été induite en erreur et les choses doivent s'expliquer ; vous n'avez rien à reprocher à votre nièce.

— Il n'y a pas d'erreurs, Gustave, pas la moindre, mais changeons de conversation, celle-ci n'a que trop duré.

— Non, madame, n'en changeons pas, s'écriat-il vivement, Bénédicte est soupçonnée, ainsi disons les choses carrément : elle ne peut qu'y gagner. Nous sommes ici trois hommes qui avons voulu l'épouser, voilà son crime; tous les trois elle nous a refusés, elle a eu raison.

Le baron bondit sur ses petites jambes et s'avança d'un air furieux.

— Elle nous a refusés, reprit Gustave en s'adressant à Stalberg qui faisait un signe de tête affirmatif, aucun de nous ne l'épousera : et si nous sommes jaloux les uns des autres, ou furieux d'être évincés, nous sommes des fous, car elle aime plus haut que nous.

— Comment ! dit le baron en faisant jouer sa lèvre et ses petits yeux gris à droite et à gauche ?

— Plus haut que vous ! monsieur le baron, je le répète. Ni votre or, ni vos châteaux n'ont pu entrer en ligne de compte, ni la jeunesse ni l'esprit de monsieur Stalberg n'a eu plus d'attrait ; enfin, après avoir pesé la solide affection de votre humble serviteur, elle n'a pu même encore établir une comparaison entre la faible reconnaissance qu'elle lui inspirait, et l'amour qn'elle porte à...

— Dieu, prononça solennellement tante Maria, c'est à lui, à ses devoirs envers lui qu'elle sacrifie tout.

— Oh ! Dieu ne lui défendait pas d'être heureuse près de vous, mon frère, murmura Jeanne.

— Dieu ne l'a pas voulu, dit Gustave, puisqu'il permet que son père devienne aveugle juste à l'heure où elle aurait pu accéder à nos vœux.

— J'ai toujours cru , dit tante Maria , qu'elle était destinée à convertir les âmes , et nous venons de le prouver , c'est par le sacrifice qu'elles s'obtiennent.

— Elle est trop parfaite pour nous tous , reprit Gustave. Dans le mariage la femme pieuse veut évidemment que l'homme dont elle partage la vie , lui apparaisse vraiment créé à l'image de Dieu.

— Mais quand cet homme est l'emblême fastidieux d'une machine à respiration, ou quand il représente un être passif répétant des lieux communs déjà formulés , poursuivit Stalberg en lançant au baron un regard de côté...

— Alors , dit Gustave, cet homme ne doit vraiment qu'intercepter la lumière entre Dieu et la femme , il trouble leurs rapports divins , je comprends qu'elle le refuse.

— Voilà qui est exprimé avec plus de grâce que de vérité , reprit le baron en ricanant ; et cela me semble tout juste heureux à développer ce soir. Si je ne me trompe , continua-t-il en regardant mademoiselle de Thiarre , ces demoiselles en sont suffisamment impressionnées. Quant à moi , messieurs, puisque vous avez bien voulu me mettre en scène , sachez que j'y joue le plus noble rôle. Les yeux expressifs de mademoiselle Laroze ne m'ont jamais fait accepter son cher père. Je doute que vous puissiez en dire autant ; vous avez cependant tous entre les mains *les Balances du bon Dieu*, veuillez y introduire Christophe , l'y peser , et ne vous hâtez pas d'affirmer , continua-t-il en regardant Stalberg d'un air moqueur , que la vertu de sa fille fera un suffisant contrepoids.

Après ce propos , le baron , probablement satisfait de son méchant esprit , s'inclina devant la marquise et prit congé.

CHAPITRE XXXV

LES TROIS EXEMPLAIRES.

La croix est l'échelle du ciel ; qu'il est consolant de souffrir sous les yeux de Dieu et de pouvoir se dire, le soir, dans son examen : Allons, mon âme, tu as eu aujourd'hui deux ou trois heures de ressemblance avec Jésus-Christ, tu as été flagellée.

(LE CURÉ D'ARS).

 ue vont devenir les trois exemplaires des *Balances du Bon Dieu* que nous avons vus sortir de chez l'éditeur ; ne serait-il pas bien, avant de poursuivre plus loin, de nous en inquiéter? Celui que le baron de Cervannes avait acheté est toujours au fond du tiroir où il l'a relégué dans un moment d'impatience. Nous le savons.

Le baron s'inquiète fort peu de ce qu'il pourrait lui apprendre, parce que, en toute hypothèse, il regarde les considérations religieuses comme des questions de régime, très-satisfaisantes pour la santé publique, mais fort indifférentes pour la grandeur et la prospérité de chaque individu en particulier ; il en résulte qu'il se laisse aller sans nulle difficulté, comme nous l'avons pu voir, à toutes les petites tentatives calomnieuses que lui suscitent ses rancunes.

Ses efforts vraiment héroïques pour nuire à Stalberg qui s'est moqué de lui, pour nuire à Bénédicte qui l'a repoussé, lui laissent croire qu'il a le pouvoir de renverser ce qui lui déplaît sans trouver de contradictions.

Cependant, quand il rentra chez lui ce soir-là, il était mécontent et inquiet, sa conscience lui disait par moments que Bénédicte était un être trop pur pour que le soupçon même pût l'atteindre ; il sentait qu'en dépit des méchants discours qu'il venait de tenir, il serait heureux si elle consentait à passer le reste de sa vie près de lui ; mais aussi il éprouvait un sentiment d'impatience en songeant qu'elle ne voulait à aucun prix ni de sa fortune ni de son titre, ni du bonheur qu'il lui promettait et qu'elle ne l'aurait accepté qu'autant que Christophe Laroze aurait dû y trouver de grands avantages.

A force de se répéter que la marquise avait été dupe, qu'il était de son devoir de lui ouvrir les yeux sur le compte de sa nièce, il en vint à se persuader qu'il agissait noblement ; il regarda le tiroir où le livre mystérieux était renfermé, et il murmura entre ses dents : oui, oui, ils ont beau agiter continuellement les questions de balances, de poids, d'équilibre, il est juste de démolir tout ce qui veut se donner des apparences de vertu non justifiées, et tel est l'aveuglement moral de certaines âmes, il ne tressaillit point en songeant qu'il se condamnait lui-même. Il se coucha sans remords en cherchant comment il ferait chasser Stalberg de chez la marquise, et il se promit, quand il serait député de Villefranche, d'empêcher ce petit monsieur d'arriver à aucune position administrative.

Pendant ce temps-là, Stalberg était aussi rentré chez lui et songeait à tout ce qu'il avait vu, entendu chez madame de Bertray ; il avait compris le sacrifice de Bénédicte, il avait deviné les luttes qui s'étaient soulevées dans le cœur de Gustave de Grival ; mais il avait admiré leur calme, leur énergie à l'un et à l'autre, et Jeanne l'avait touché jusqu'aux larmes; depuis deux jours son exemplaire bleu était continuellement consulté. Ce soir-là il l'ouvrit avec bonheur en se rappelant que Jeanne l'avait cité pour attaquer le baron et défendre sa cousine. Ce mystérieux volume avait un attrait indéfinissable pour ce jeune protestant depuis que le curé de Villefranche l'avait conduit chez Gustave de Grival et que des conversations sérieuses s'étaient établies entre les deux jeunes gens. En sortant de chez la marquise, ils avaient longuement parlé de la différence de leurs religions ; Gustave avait affirmé que le catholicisme console bien davantage le chrétien dans les moments d'épreuve, et l'amène surtout à faire plus complètement abnégation de lui-même, que le protestantisme. Adrien courut donc chercher son livre dès qu'il eut regagné son appartement; il voulut trouver une réponse à des questions qui lui semblaient encore nébuleuses, mais la clarté ne peut apparaître tout à coup sans éblouir, et ce livre mystérieux laissait bien des chapitres dans un poétique demi-jour qui permettait à l'âme d'être indécise et troublée.

Ce même soir, le livre mystérieux fut encore ouvert par une autre main, et Jeanne, notre petite amie Jeanne, ne fut pas plutôt entrée dans sa chambre qu'elle le saisit en s'écriant :

Livre bleu, indéchiffrable livre bleu, dis-moi pourquoi tu ne veux rendre heureux que ceux qui commencent par s'immoler, pourquoi tu ne promets de couronnes qu'à ceux qui les méprisent ici-bas, pourquoi tu sépares les cœurs sur la terre avant de les réunir là-haut dans ton ciel ; pourquoi tu veux que je devienne froide et sérieuse comme tante Maria, tandis que j'aimerais à m'élancer dans l'avenir avec une joyeuse confiance. Réponds-moi, livre bleu, et surtout ne gronde pas, je déteste la sévérité.

Le livre bleu ne grondait pas ; mais il était sérieux, presque solennel dans chacune de ses réflexions. Tout en lisant, Jeanne s'endormit ; car il faut l'avouer, Jeanne lit, hélas ! souvent sans parfaitement comprendre, son esprit ne peut se courber, elle nous l'a dit elle-même ; mais cependant, si elle ne sait deviner encore les secrets des sphères supérieures, elle a certainement déjà l'instinct net, précis de tout ce qui est juste et de tout ce qui est beau ; son affection pour sa cousine en est la preuve. Sans pouvoir l'imiter et se soumettre comme elle, cependant elle l'admire et elle la compare à une fleur divine , quand elle ne la compare pas à une lumière céleste. Le fond de la pensée est toujours identique , c'est une glorification de la vertu. Cette chère enfant aime la vertu et sera certainement quelque jour une femme vertueuse en dépit de ses allures bondissantes. Il en est ainsi souvent dans la vie , les enfants que l'on considère trop comme des merveilles ne sont pas toujours ceux qui doivent se rapprocher du Seigneur , l'amour d'eux-mêmes les perd ; mais ceux qui admirent le bien tout en avouant leurs faiblesses , seront pris en pitié et jugés d'un certain poids dans la balance céleste : n'en doutons pas.

CHAPITRE XXXVI

LA PRIERE.

—————

> Dans la croix est la force de l'âme , dans la croix la joie de l'esprit, la consommation de la vertu , la perfection de la sainteté.
>
> (IMITATION , liv. II.)

Ah ! vous voilà , dit Christophe lorsqu'il entendit ouvrir avec précaution la porte de la chambre , vous voilà donc enfin , Bénédicte ! Eh bien ! vous devez être satisfaite , vous avez eu le temps de causer , de vous plaindre de votre sort , d'entendre votre aimable tante de Bertray s'indigner en apprenant qu'on vous enlevait à sa tutelle.

Voyons , je suis curieux de savoir comment on me traite chez les vôtres : un homme sans cœur , n'est-ce-pas ? un monstre ? Pourquoi ne répondez-vous pas , Bénédicte ?

— Je vous demande pardon , mon père , répondit mademoiselle Laroze, j'étais absorbée par une lettre que je trouve en rentrant.

— Oui , je le sais , une lettre du curé de Villefranche , m'a-t-on dit, encore un de vos amis et de mes ennemis ; voilà ce qu'on gagne à faire élever ses enfants dans les couvents , à la porte des églises. Plus tard ce sont des juges , des espions qui viennent s'initier à nos affaires de famille et donner leurs avis intéressés.

— Plus tard , répondit froidement Bénédicte , à l'heure où le monde nous abandonne ou ne nous offre que déceptions , ceux-là nous restent, et malgré les insultes dont ils ont été victimes , ils sont prêts à nous tendre les bras.

— Effectivement , ce prêtre m'est très-utile, il vous persuade que vous êtes digne de béatification quand vous me reprochez d'être incrédule. Je vous déclare, Bénédicte, que je ne le recevrai pas chez moi à Villefranche ; vous entendez, je ne le recevrai pas. Que vous écrit-il donc ?

— Voilà sa lettre , répondit-elle en lisant : « Ma » chère fille en Jésus-Christ... »

— Fille en Jésus-Christ , quel style ridicule !

— Non , poursuivit-elle , ce style n'est pas ridicule , car c'est en vertu de ce titre que je mettrai mon bonheur à vous respecter et à vous aimer.

— Continuez , dit-il brusquement.

Bénédicte continua : « J'approuve en tous points » vos résolutions , je viens de m'entendre avec un » habitant de Villefranche pour qu'il vous abandonne momentanément sa maison et je vous engage » à vous éloigner dans le plus bref délai , puisque » monsieur votre père le désire et qu'il espère en » obtenir sinon de l'amélioration , au moins un re- » pos toujours fructueux pour l'esprit.

» Mes prières et mes vœux vous accompagnent,
» ma chère fille. Ci-joint l'adresse de ladite mai-
» son. »

— Voilà tout ! demanda Christophe.

— Voilà tout, répéta Bénédicte sourdement.

— N'êtes-vous donc plus satisfaite de partir ? Depuis votre visite en bas, vous répondez à peine.

— Je vous demande pardon, très-satisfaite ; je voudrais être partie, répondit-elle en poussant un soupir qu'elle étouffa.

— Alors, occupez-vous des préparatifs, nous partirons demain. Entendez-vous, Bénédicte, demain.

Elle répondit faiblement qu'elle avait entendu ; puis, après avoir rapproché de son père tous les objets dont il pouvait avoir besoin, elle passa dans une autre pièce afin de tout prévoir pour rendre ce départ possible.

Cependant, quand elle fut seule, l'énergie dont elle avait fait preuve chez la marquise, fit place à un accablement presque complet. Elle tomba sur un siége, cacha sa tête dans ses mains et se demanda comment elle aurait la force d'agir encore. Elle était déjà en face de nombreuses malles qu'elle avait fait apporter le soir même, avant de descendre chez sa tante, comme un témoignage authentique de sa décision.

Ces malles vides, béantes, à demi-éclairées, semblaient prêtes à engloutir son bonheur ; elle les regarda quelques minutes avec effroi , puis relevant ses yeux obscurcis par les larmes sur les objets qui ornaient son appartement, elle resta désolée, n'ayant le courage d'en détacher aucun de la muraille.

Il n'y avait rien dans l'appartement qui décelât un luxe en opposition avec la modique fortune de ceux qui l'habitaient , mais tout y révélait au moins l'intelligence, le bon goût et même l'amour de Dieu. Les meubles appartenaient à la marquise de Bertray, par conséquent ils devaient rester à leur même place , mais les tableaux , les statuettes , les livres et mille petits riens gracieux dont Bénédicte aimait à s'entourer, devaient au contraire disparaître et la suivre. La pauvre fille les regardait avec une sorte d'épouvante comme s'ils lui reprochaient de les séparer les uns des autres , de dépouiller , d'enlaidir les lieux qu'ils avaient ornés. Plusieurs fois elle sentit son cœur défaillir en remplissant cette rude tâche ; sa main retombait inerte quand elle s'approchait pour détacher ses vierges , ses crucifix , et elle se jetait de nouveau malgré elle dans des méditations amères et malheureusement sans autre issue que celle du départ.

Elle finit par avoir honte de tant de faiblesse. Son âme s'énervait, pensa-t-elle, dans ces alternatives de regrets et de craintes ; elle saisit une *Imitation de Jésus-Christ* et l'ouvrit au hasard pour y trouver un conseil. Elle trouva cette phrase :

« Tout ce que vous me donnez hors de vous ,
» tout ce que vous me découvrez de vous-même ,

» tout ce que vous m'en promettez , est trop peu et
» ne me suffit pas , si je ne vous vois , si je ne vous
» possède pleinement. »

Elle poussa un faible cri , se jeta à genoux et
s'écria : Seigneur , je vous appartiens entièrement ,
pleinement , secourez-moi.

Ses larmes coulèrent alors abondantes, mais elles
la soulagèrent de son oppression et son cœur s'é-
pancha dans une prière aussi chaleureuse que profondément sentie. Il ne faut jamais avoir prié pour
ne pas connaître l'effet prodigieux de la prière sur
l'esprit et cette sorte de révélation qui se produit
instantanément par ce seul acte d'amour entre le
créateur et la créature.

Il semble à l'être affaibli et malheureux qui invo-
que son ami invisible, que cet ami l'enveloppe de ses
bras protecteurs et modifie ses décrets d'après les
désirs qu'il lui entend exprimer.

Bénédicte l'éprouva , elle comprit vite que le
Dieu qu'elle invoquait était près d'elle , qu'il répan-
dait le rafraîchissement dans ses membres brisés ,
qu'il inscrivait son nom dans le livre bienheureux ,
et que tout en lui traçant un avenir sévère , il lui
souriait et lui recommandait d'avoir confiance
en lui.

Elle se remit donc sans hésiter à poursuivre son
œuvre ; la nuit presqu'entière se passa dans des préparatifs matériels indispensables pour le voyage du
lendemain. Elle pensait ou rêvait tout en agissant, il
lui semblait possible de reconquérir le bonheur.

Tantôt elle voyait son père à Villefranche dans une jolie maison visitée par le soleil et bien aérée ; il y retrouvait le calme, la santé et la foi.

Tantôt elle croyait entendre les remercîments de tante Maria, elle l'assurait que Gustave lui devrait son bonheur, qu'il allait pouvoir faire de grandes et belles actions maintenant qu'il serait riche, influent, député et marié. La physionomie de mademoiselle de Thiarre passait aussi dans son souvenir sans la troubler, c'était l'image d'une personne douce et bonne qu'elle pourrait aimer un jour.

Jeanne la lutine, Jeanne se montrait aussi dans ces tableaux à demi effacés. Bénédicte croyait la voir grandir et se transformer ; l'enfant gâtée, devenue femme, avait des traits empreints de charité ; elle tendait la main à toutes les souffrances et Dieu plaçait dans cette petite main toujours ouverte à l'infortune, des fleurs qui se changeaient en fruits. En voyant cette transformation s'opérer, elle songea aux trois pièces d'or que saint François d'Assises retirait de son sein le jour où une flamme très-pure ceignait sa tête d'une éclatante auréole.

Donnez-moi quelque chose en retour des faveurs dont je vous comble, mon fils, avait dit le Seigneur.

Hélas ! répondit le saint, ma pauvreté est extrême, mon corps et mon âme sont à vous.

Cherchez encore, François, si vous n'avez rien à m'offrir !

Le saint , ayant cherché , trouva trois belles pièces d'or qui étaient , lui dit le Seigneur , le symbole des trois ordres religieux qu'il avait établis et qui faisaient présager de leur bel avenir. Le Seigneur remercia son serviteur et le bénit.

Bénédicte inclina la tête et crut sentir l'effet de cette bénédiction divine comme si elle la recevait elle-même ; elle passa la main autour de sa taille et chercha si elle n'était pas revêtue du cordon séraphique dont le bienheureux se ceignit les reins , après la visite du Seigneur , et que Louise d'Auvergne, Louise de Savoie , sainte Elizabeth de Hongrie, sainte Chantal et tant d'autres portèrent ensuite en mémoire de saint François pour participer à ses mérites ; elle ne le trouva pas , ce cordon préservateur , mais elle réfléchit qu'elle pourrait bientôt l'y trouver , qu'il lui serait facile actuellement , tout en restant toujours près de son père , de se lier à un ordre religieux. Dès lors, en embrassant généreusement la pratique de l'humilité et en faisant vœu de chasteté , elle déracinait de son cœur l'orgueil qui engendre la discorde , et l'abaissement dans lequel sa volonté la placerait alimenterait sans obstacles sa charité et son amour pour le prochain.

Aussitôt elle tressaillit de joie , elle sentit qu'en accomplissant un sacrifice , elle venait déjà en quelque sorte de restituer son âme à l'état d'innocence, et que celui qui éclaire la nuit , qui enlève les taches, qui fait disparaître les clartés douteuses , lui faisait déjà pressentir que le joug si léger de son service ne peut être excédé ; elle souffrait déjà moins.

Insensiblement ces douces réflexions prirent une forme mystérieuse et vague ; ce repos intérieur qui faisait place à l'agitation et à la lutte, imposa silence même à la pensée ; le passé, le présent, l'avenir ne se présentèrent plus que sous une image indécise, éloignée, puis tout disparut.

Bénédicte glissa doucement à genoux sur un coussin, ses mains croisées cherchèrent instinctivement un point d'appui, elle appuya sa tête sur un fauteuil rapproché d'elle, et comme Jeanne, elle s'endormit. Le jour pénétra même dans la chambre sans que ses rayons vinssent la réveiller ; ce sommeil bienfaisant durait encore lorsque Jeanne de Grival ouvrit brusquement la porte et entra.

CHAPITRE XXXVII

LE DÉPART.

____

La médisance, dit saint Chrisos-
tôme, imite la servante qui
prend à la dérobée les effets de
son maître.

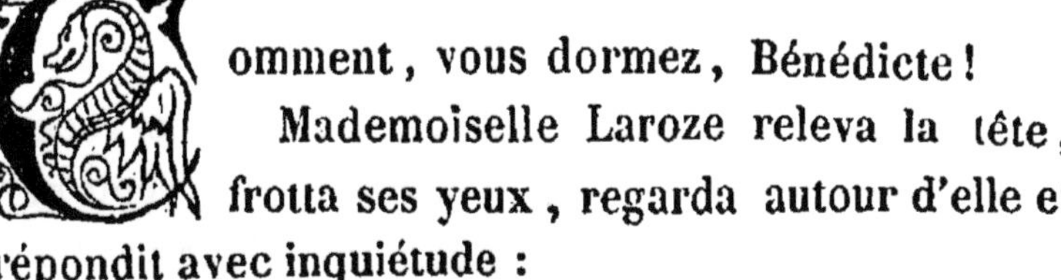

Comment, vous dormez, Bénédicte!

Mademoiselle Laroze releva la tête, frotta ses yeux, regarda autour d'elle et répondit avec inquiétude :

— Serait-il donc bien tard !

— Non, rassurez-vous, chère amie, il n'est pas tard, et cependant les langues des commères ont déjà circulé depuis votre chambre jusqu'à la loge du portier, en faisant de longues pauses à chaque étage. Devinez-vous ce qu'elles racontent, Bénédicte?

— Nullement, répondit-elle en essayant de se soulever et de réparer un peu le désordre de sa coiffure.

— Votre conscience est-elle calme?

— Pourquoi ne le serait-elle pas, mon enfant?

— Oh ! si vous préfériez un étranger à nos anciens amis, votre conscience gronderait; j'en suis sûre, répartit la jeune fille, cette méchante Esther vous calomnie.

12.

Sans attendre alors qu'on l'interrogeât davantage ,
Jeanne s'écria :

— Dites-moi vite , Bénédicte, que vous n'avez pas
dédaigné le baron de Cervannes et Gustave qui
vaut mieux que lui , parce que vous vouliez partir
pour Villefranche et épouser Adrien Stalberg.

— Que signifie cette folie?

— C'est une folie dont le baron a été atteint hier
soir et qui s'est étonnamment propagée cette nuit ;
ce matin on a su que monsieur Stalberg , en sortant de chez ma tante de Bertray , avait demandé au
concierge si monsieur Laroze pouvait le recevoir.
« Monsieur Laroze est malade et ne reçoit pas le
« soir. » A ces mots , monsieur Stalberg avait paru
grandement contrarié, poursuivait la jeune fille , il
avait assuré que monsieur et mademoiselle Laroze
allaient loger chez lui à Villefranche , qu'il était indispensable qu'il sût le moment de leur départ , etc.,
etc , etc. Esther avait raconté tous ces détails à la
marquise, elle avait aussi affirmé que mademoiselle
Bénédicte ne s'était pas couchée de la nuit, que les
fenêtres de l'appartement étaient restées éclairées,
que son ombre circulait sans cesse et que de graves
événements se préparaient sans aucun doute.

Bénédicte sourit amèrement ; mais au lieu de se
justifier , elle tomba dans une profonde rêverie.
Elle se demandait si Dieu n'entourait les dernières
heures de sa vie parisienne de tant de malveillance
que pour lui prouver qu'elle n'avait rien à regretter.

Elle éprouvait aussi un sentiment bien naturel à tous les êtres préoccupés de pensées graves qui dédaignent de répondre à des interprétations misérables, mais elle comprit vite qu'elle manquait de charité envers Jeanne. L'air désolé de sa cousine la toucha.

— Je vous ai froissée, Bénédicte, dit la jeune fille, je vois bien à votre regard si triste que votre cœur trouve l'humanité bien mesquine de n'avoir pas su apprécier son dévouement.

Bénédicte rougit.

— S'il en était ainsi, je serais dominée encore par l'amour de moi-même et non par l'amour de Dieu, répondit-elle en embrassant Jeanne. Mais, chère enfant, vous pouvez tous me soupçonner aujourd'hui sans que je sois inquiète, le temps et les faits détruiront votre erreur ; je ne me marierai jamais, répétez-le à qui vous voudrez.

En ce moment Esther vint demander de la part de la marquise de Bertray à quelle heure de la matinée mademoiselle Larozè pourrait descendre chez elle.

Ce nom de la marquise, le bruit que faisaient toutes ces voix parvint jusqu'à Christophe et l'exaspéra. Il agita vivement sa sonnette, donna l'ordre d'aller chercher une voiture de place et déclara qu'il voulait partir immédiatement afin de n'avoir plus sa porte assaillie du matin au soir par des étrangères.

Jeanne de Grival se sauva effrayée.

Esther revint en riant raconter à sa maîtresse le succès de sa démarche et Bénédicte fit activer les préparatifs du départ. Grâce à elle, tout fut terminé ; une heure après elle descendait pour la dernière fois , avec son père, le grand escalier de l'hôtel de Bertray.

Bénédicte n'osait presque pas regarder ceux qu'elle rencontrait et leur faire ses adieux ; elle craignait de déplaire à son père. Personne dans l'hôtel n'osait à plus forte raison approcher de Christophe et lui adresser la parole : leur marche était donc silencieuse, solennelle comme un convoi funèbre.

Cependant, quand ils furent au dernier palier, on entendit un cri et Jeanne toute haletante, toute rouge, toute oppressée, vint se jeter dans les bras de Bénédicte , de sa chère Bénédicte qu'elle aimait tant.

Bénédicte la serra tendrement sur son cœur, la chargea de ses compliments respectueux pour tante Maria et la marquise , mais elle ne dit rien de plus. Quand la voiture s'ébranla , son regard mélancolique remonta seul quelques étages pour y porter ses adieux et elle partit.

Tout était bien fini. Esther avait beau dire, le baron de Cervannes avait eu beau supposer , tout était bien fini : elle s'en allait au loin chercher une vie d'abnégation complète , elle voulait faire à tout jamais uniquement la part de Dieu.

Comment y croire ! le monde ne comprend pas que l'on renonce à soi-même sans chercher à en avoir le mérite à ses yeux , sans se faire un peu couronner de lauriers , et les éloges sont des lauriers d'un prix incontestable dans le monde.

Mais Bénédicte n'eut pas de lauriers ; elle n'alla même pas se disculper parce que la vérité lui suffisait et que la vérité se brise contre les montagnes de glace dont le monde sait se barricader. Elle emportait avec elle son exemplaire des *Balances du bon Dieu*; elle y vit que le laborieux échafaudage des conversations et des jugements humains ne pèse pas une plume en présence du devoir.

Aussitôt son cœur s'épanouit, elle remercia le Seigneur de sa justice, et elle ne chercha pas à franchir la limite de cette lumière qui n'éclairait que sa pensée.

Voilà donc la foi, la voilà dans toute sa simplicité, la voilà telle qu'elle doit être pour consoler et raffermir. Elle n'approche pas radieuse , brillante, pour montrer des triomphes ; non , elle couvre d'un voile les laideurs , elle aide à supporter la croix que Jésus-Christ partage avec son serviteur et elle murmure à la conscience des paroles de bénédiction et d'amour qui compensent tous les douloureux instants de la vie.

CHAPITRE XXXVIII

JEANNE ÉCRIT A BÉNÉDICTE.

> Fondez votre or et votre argent et
> faites une balance pour peser vos
> paroles et un juste frein pour re-
> tenir votre bouche.
>
> (ECCLÉSIASTIQUE, 29, XXVIII).

artie ! ô ma Bénédicte ! c'est donc bien vrai, c'est vous qui êtes montée dans cette voiture surchargée de caisses, vous qui vous êtes assise auprès de cet homme dont je n'ai pu obtenir un seul mot d'adieu ; vous qui avez préféré un apostolat, peut-être stérile, à l'affection de vos seuls amis ; vous enfin qui allez tenter de faire rayonner à Villefranche ce beau soleil de la vérité qui trouve tant d'invincibles obstacles à Paris.

Je l'avais vu, ce départ ; je ne pouvais y croire cependant. Je suis retournée dans votre appartement comme si vous alliez répondre à mon appel.

Bénédicte, répétais-je en passant d'une chambre dans l'autre. Oh ! Bénédicte, pourquoi m'avoir quittée ?

Mais rien ne pouvait plus répondre, je ne voyais même pas votre profil si pur se refléter de loin dans la glace. Personne ne disait : attendez , elle viendra. Tout était déjà froid comme l'absence et vraiment j'allais pleurer, pleurer à chaudes larmes peut-être , tant j'avais le cœur oppressé, quand tout-à-coup on frappa , on sonna , on parla bruyamment à la porte.

— Monsieur Laroze , comment va-t-il, puis-je lui parler immédiatement ?

Avez-vous deviné qui disait cela, Bénédicte ? Devait-il donc venir quelqu'un ! Non, n'est-ce pas ? Non , ce grand Stalberg, avec toute sa vivacité , son étourderie , n'entendait rien à vous rendre service malgré ses bonnes intentions , et vous ne pouviez le préférer à Gustave.

— Ils sont partis, criai-je , car enfin c'était lui , il fallait bien lui répondre.

— Partis !

Il eut l'air stupéfait.

— Oui, monsieur, regardez plutôt : plus de tableaux, plus de statuettes, Bénédicte a tout emporté.

Oh ! que les murs changent quand rien ne les anime ! je ne me reconnais plus ici.

Il me regarda de nouveau avec surprise , je crus ne pas être entendue et je ne sais pourquoi cela me vexa.

— Au fait, dis-je en m'éloignant, vous autres protestants ne pouvez apprécier ce qu'une image vient parfois révéler de poésie et de puissants souvenirs ; vous les chassez de vos temples, par suite de vos cœurs.

Il pensa probablement : voilà une petite fille bien bavarde ; mais il n'osa le dire, il avait l'air intimidé, ce jeune héros. Il n'osait ni avancer ni sortir.

— Il y avait effectivement dans cette pièce des gravures et un crucifix qui faisaient bon effet, dit-il.

— Bon effet ! Ce mot me crispa.

— C'est-à-dire, repris-je d'un ton fort bourru, que depuis leur disparition il n'y a plus ici qu'indifférence, que dépouillement.

— J'ignorais ce départ, murmura-t-il en faisant vite un pas en arrière vers l'escalier ; j'ai négligé de donner des ordres à Villefranche pour que ma maison soit ouverte aujourd'hui, monsieur Laroze doit y loger.

— Mais vous avez le télégraphe, monsieur, faites jouer le télégraphe, vite, allez.

D'un geste expressif je l'engageais à s'éloigner. Il comprit, il me salua gauchement d'un air désappointé ; mais je dois avouer qu'il suivit ponctuellement mon conseil ; il partit, pas assez vite toutefois, car il avait à peine pu descendre un étage, quand Esther, armée d'un époussetoir, suivie d'une grosse fille de peine, d'un balai et de plusieurs ustensiles de ménage, se présenta solennellement à la porte.

— Comment, mademoiselle Jeanne est seule ici, demanda-t-elle de cette petite voix flûtée qui agacerait à elle seule tout un système nerveux.

— Je ne suis plus seule puisque vous voilà, répondis-je brusquement. Etes-vous donc si pressée de prendre possession, que vous ne puissiez laisser encore ces chambres dans l'ordre où on les a abandonnées?

— Dans le désordre, mademoiselle veut dire, rien n'est plus à sa place. Cette table doit être ici, ce lit doit être plus loin.

— Esther, Esther, m'écriai-je furieuse, ne touchez à rien, respectez les choses telles que Bénédicte les a laissées.

— Et pourquoi donc n'obéirais-je pas aux ordres de madame la marquise, s'il vous plaît, mademoiselle? Mesdames de Thiarre vont venir s'installer aujourd'hui. Ces dames se trouvent mal logées à l'hôtel, elles ont loué cet appartement.

— Loué l'appartement! Oh ! ma Bénédicte, hier vous étiez encore là, vous aviez peut-être besoin de recueillir toutes vos forces morales pour préparer, pour effectuer votre départ, et pendant que vous restiez troublée, hésitante, déjà l'appartement était loué ! déjà vous étiez remplacée !

Mon Dieu! il n'y a donc pas certaines voix, échos les unes des autres, qui s'apprennent à ne pas heurter, à ne pas briser les cœurs.

Non, non, les cœurs humains ont la même forme, voilà tout ; mais Bénédicte, on ne m'ôtera pas de l'idée que l'estomac doit en supprimer un grand nombre, ils disparaissent sous cette capacité voisine. Ils sont absorbés, voilà leur excuse. Je me suis demandé quelquefois si ma tante de Bertray avait conservé son cœur intégralement. Qu'en pensez-vous, chère amie, vous qui l'avez éprouvée?

Mais je m'éloigne de mon sujet, revenons à Esther. Pendant que je restais à réfléchir, elle agissait avec la plus grande majesté, elle désignait chaque meuble à la maritorne qui l'avait accompagnée et les faisait changer de place. Quand tous les fauteuils furent transportés ailleurs, elle regarda si j'allais enfin disparaître à mon tour; je ne bougeai pas. Debout, les bras croisés, l'œil flamboyant, j'attendais une occasion de fulminer. Cette occasion vint vite...

— Dans quel état vont être ces chambres pour les offrir à mesdames de Thiarre, dit-elle, les papiers ont des nuances différentes, les meubles sont fanés et une tache! ah quelle tache !

Je suivis des yeux son doigt qui désignait effectivement à terre sur le tapis une tache ronde un peu blanche et poisseuse comme le sirop doit en produire partout où il s'attache; elle n'était pas loin du lit de votre père, cette tache était peut-être la suite d'un emportement ou d'une maladresse. Il me sembla qu'elle décélait un de ces moments difficiles où vous arriviez aux dernières limites de la soumission.

— Une tache ! m'écriai-je en brandissant l'époussetoir d'Esther dont je m'emparai. Une tache! il serait à désirer que toutes les taches soient comme celle-là, du fruit et du sucre qu'un peu d'eau va enlever ; mais les taches que forme la médisance, ces taches qui s'étendent vilainement sur la réputation du prochain, qui s'allongent comme de l'huile et qui noircissent, celles-là s'inscrivent sur le livre du bon Dieu en caractères funestes, et ce ne sont ni les époussetoirs, ni les balais qui en font justice, Esther, entendez-vous?

— Mademoiselle Jeanne plaisante, dit-elle en riant.

— Non, je ne plaisante pas, je voudrais voir s'accomplir ces paroles des psaumes : « *Faites,* » *Seigneur, que les bouches livrées au mensonge de-* » *viennent muettes.* »

— Ce serait vraiment une grande punition et il y en aurait beaucoup de fermées; mais à qui en veut mademoiselle, reprit Esther d'un ton sardonique, quelqu'un l'a-t-il donc troublée dans sa solitude?

Je fis un pas vers elle et j'allais riposter sottement et *me disculper* quand la grosse maritorne vint m'empêcher de faire cette bêtise qui aurait compromis ma dignité.

— Bonne petite demoiselle, ôtez-vous, dit-elle, avec sa voix enrouée, je vais malgré moi vous couvrir de poussière, il vaut mieux vous éloigner, croyez-le.

Le conseil de cette brave personne était donné avec tant d'intérêt que je ne pus me méprendre sur son intention bienveillante.

— De la poussière, lui dis-je, ah ! il n'y a pas que

vous qui en faites, pauvre fille ; aussitôt qu'on l'a chassée, elle retombe la poussière, on la revoit partout, tout est poussière, tout n'est que poussière, ajoutai-je en m'enfuyant.

Sans m'arrêter après cette phrase d'une philosophie digne d'un meilleur sort, je courus rejoindre Gustave, il n'y était pas, ou il ne voulut pas y être, il ne répondit pas quand je l'appelai.

Alors, à moi toute seule, je me mis à la poursuite des souvenirs qui doivent tous me rester, j'en fis un long chapelet, une litanie si vous préférez. A chaque grain, à chaque ligne je répétais : Bénédicte, Bénédicte, vous que j'aimais, ne m'oubliez pas.

Quand j'arrivai au bout de cet appel, personne n'avait répondu, mais j'avais la conscience que vous pensiez là-bas, tout en regardant cet autre pays, qu'il s'animerait bien plus si votre petite Jeanne y apparaissait et je me creuse l'esprit pour trouver un moyen d'y apparaître.

CHAPITRE XXXIX

RETOUR A VILLEFRANCHE.

> Les provinciaux et les sots sont tou-
> jours prêts à se fâcher et à croire
> qu'on se moque d'eux et qu'on les
> méprise. Il ne faut jamais hasarder
> la plaisanterie la plus douce et la
> plus permise qu'avec des gens polis
> ou qui ont de l'esprit.
>
> (LA BRUYÈRE).

ien ne passe inaperçu dans une petite ville de province ; le moindre événement sert de prétexte aux conversations les plus animées. On en pèse chaque détail, chaque résultat, on se laisse aller à tous les paroxismes de la gaîté ou de la tristesse. Il n'y a quelquefois aucun motif réel de joie ou d'émotions, mais c'est autant de gagné sur l'ennui qui décime les gens inoccupés, et de même que la roue d'un moulin fait bouillonner agréablement la rivière tout en troublant son cours , de même les petites passions qui distraient, amusent au passage, soulèvent aussi parfois des divisions qui aigrissent les caractères et blessent la morale.

Je ne puis m'empêcher de le dire, ces distractions, puisées dans le commerce ordinaire des gens du monde et les désirs qu'ils éprouvent d'interpréter mutuellement leurs actions, sont un des plus grands écueils de la charité, parce que, dit Bossuet : le médisant ne peut pas réparer le mal qu'il fait, et que les impressions demeurent, même quand les choses sont éclaircies.

Une dépêche télégraphique et une lettre vinrent jeter la petite ville de Villefranche dans un état véritablement incendiaire. La dépêche était adressée à Suzanne Flichet, concierge, intendante de la maison Stalberg, et s'exprimait laconiquement ainsi : « Ouvrez fenêtres, faites feu, lits, dîner. »

La lettre arrivée quelques heures plus tard au régisseur de monsieur de Cervannes, disait :

« Prosper, faites attention que Christophe Laroze,
» soi-disant aveugle, revient à Villefranche. Tenez-
» vous sur vos gardes ; si cette infirmité est jouée,
» elle va probablement dissimuler plus d'une menée
» politique, prévenez-moi et prévenez-les en appre-
» nant aux parents d'Adrien Stalberg que l'on
» accapare leur jeune parent, etc., etc. »

Christophe Laroze à Villefranche ! en moins de cinq minutes toute la ville le sut. Était-il aveugle, n'était-il pas aveugle ? Cette question passait de bouche en bouche sans trouver de solution.

Comment ! Christophe Laroze aveugle ! disaient les hommes de capacité médiocre presque charmés de trouver enfin leur ancien antagoniste anéanti.

Christophe Laroze aveugle ! disaient en chœur les femmes sur lesquelles il avait peut-être exercé jadis une espèce de fascination. Il y a donc une justice, et sa noble et belle femme, qu'il a fait mourir de désespoir, est donc vengée !

Il n'est pas aveugle, répétaient les anciens ennemis de l'avocat, il ne peut être aveuglé que par ses doctrines fougueuses et ses projets ambitieux.

Bénédicte n'était ni oubliée, ni ménagée. Les prétendants à sa main ne lui avaient pas pardonné de les avoir tous évincés avec un certain dédain et trouvaient fort curieux de la savoir aux expédients pour gagner un mari.

Les femmes, ravies de la savoir quasi vieille fille, faisaient mille contorsions pour exprimer la pitié qu'elles étaient censées ressentir ; quelques-unes eurent l'air de dire à leurs petites filles que le même sort attendait toutes les jeunes personnes qui se croyaient un mérite quelconque.

Cependant, la pauvre Bénédicte ne s'était jamais cru de mérite ; mais elle avait toujours eu réellement une supériorité de langage, d'extérieur, de distinction incontestable que les gens de petit esprit pardonnent avec peine, et dont ils font un crime, dès que l'occasion s'en présente. Quant à de l'amour-propre, du dédain, quant à cette tendance à la moquerie si facile et si appréciée des intelligences superficielles, oh ! Bénédicte ne pouvait en être accusée, elle avait toujours aimé Dieu, par conséquent elle avait toujours eu dans le cœur un amour qui chassait l'égoïsme et méprisait les assauts mesquins des petites personnalités.

Elles sont si rares les femmes du monde qui ne cherchent pas à attirer tout à elle ! Le monde, leur juge naturel, les croit généralement toutes précipitées dans un abaissement honteux de petites rivalités, de jalousies, de besoin de conquête, de triomphe et d'éclat.

Mais le livre de la divine justice inscrit avec bonheur celles qui sont l'expression matérialisée d'un souffle divin. Ces femmes n'ont pas renoncé à vivre dans le monde; mais elles ont renoncé à tout ce que le monde recherche davantage, le sensualisme et la cupidité ; elles ont enraciné leurs espérances, leurs consolations au pied même de la croix de Jésus-Christ, et elles s'élancent dans la voie de la perfection sans s'éloigner de cette croix qu'elles enroulent à chaque déception d'un lacet de plus, jusqu'à ce que les anneaux en spirale de cette chaîne les aient conduites de sacrifice en sacrifice à la hauteur du cœur de Jésus-Christ sur lequel toutes doivent reposer.

Quand Christophe Laroze et Bénédicte furent arrivés à Villefranche et installés dans la maison de Stalberg, les dames de la ville s'abordèrent dans les rues, se parlèrent de leurs fenêtres, et les promeneurs restèrent près d'une heure de plus à prendre l'air et arpenter ensemble du terrain sans trouver de limites à leurs suppositions. Cependant, plusieurs personnes avaient essayé de voir Christophe de près, aucune n'avait réussi. Il portait un grand chapeau rabattu sur les yeux, Bénédicte se dissimulait également à l'aide d'un voile épais ; quant à Suzanne Flichet , malgré son désir d'être agréable à ses voisines , elle n'eut pas grand'chose à leur raconter, car monsieur et mademoiselle Laroze passèrent immédiatement dans leurs chambres, refusèrent de dîner et se couchèrent.

Les jours suivants ne furent guère plus heureux. Christophe ne sortit que dans le jardin de la maison Stalberg , et Bénédicte se contenta d'aller à la messe de six heures dans un couvent rapproché de chez elle. Cependant Suzanne Flichet put garantir aux curieux que Christophe portait d'énormes lunettes , qu'il mangeait peu et que sa fille ne mangeait pas du tout; quelques jours après elle annonça enfin que Christophe s'ennuyait dans le jardin et qu'il allait avec sa fille se promener dans la campagne afin de faire un long exercice. Les badauds ne manquèrent pas de les épier et de se trouver sur leur chemin.

Les dames de Villefranche surtout voulurent revoir Bénédicte non pour l'accueillir en amie , mais pour savoir au juste à quel degré d'élégance elle avait dû s'élever pendant huit années de séjour dans la capitale. Elles furent bien surprises, elle n'avait à sa robe de soie noire , ni les volants , ni les ruches, ni les grecques , ni les soutaches , ni les mille brimbo- rions dont les femmes de province aiment tant à s'orner; ses chapeaux étaient simples sans exagéra- tion de forme , sans énormes buissons de fleurs ;

mais, malgré l'absence de recherche , elle avait tant de distinction et de bonne grâce dans tout son ensemble, que les couturières et les marchandes de modes furent toutes réprimandées par leurs pratiques dès qu'on eut aperçu mademoiselle Laroze.

Les maris surtout désolèrent leurs femmes ; à chaque instant on entendait dire : ma chère amie, vous dépensez beaucoup et cependant vous êtes fort mal mise. Mademoiselle Laroze qui arrive de Paris, porte une robe unie , vous avez dû le remarquer ; mais elle ne la relève pas jusqu'à mi-jambes, et elle n'a pas des cercles de jupons que l'on pourrait compter.

Ma fille , disaient les mères, mademoiselle Laroze n'a pas une grosse rose menaçante comme vous sur le front, je parierais qu'à Paris c'est mal porté ; ses cheveux ne sont pas rebroussés pour dégager le visage et laisser aux tempes des lacunes périlleuses qui accusent l'âge chez quelques femmes , et qui signalent un caractère hardi chez quelques autres.

En entendant ces réflexions, les unes ramenaient modestement leurs bandeaux près des yeux, les autres enlevaient quelques fleurs aux jardinières de leurs chapeaux et resserraient leurs monstrueuses crinolines , toutes prenaient un air plus décent, plus digne, sans comprendre qu'elles subissaient déjà une influence à laquelle toutes désiraient pourtant se soustraire lorsqu'elles condamnaient d'avance Bénédicte Laroze et qu'elles s'en moquaient.

CHAPITRE XL

LA VISITE DU CURÉ.

> Jésus-Christ n'est pas seulement,
> dans la famille chrétienne, la
> vie qui la pénètre et le modèle
> qui la façonne, il est par-dessus
> tout la force qui la défend.
>
> (P. FÉLIX).

 uinze jours, quinze longs jours s'écou-
lèrent avant le retour du curé de Ville-
franche dans sa paroisse.

En arrivant, il trouva tant d'affaires arriérées qu'il
ne put immédiatement songer à Bénédicte. Ce ne fut
que cinq jours plus tard qu'il vint enfin sonner chez
monsieur Laroze. Il sonna fort doucement comme un
homme qui n'est pas sûr d'être bien reçu et qui préfère être introduit sans bruit. Cependant, par le
plus grand et peut-être le plus heureux hasard, Bénédicte était sortie.

En apprenant que monsieur Laroze était seul, le
curé fut au moment de s'éloigner, il comprenait que
l'homme fougueux qui avait toujours stygmatisé *les
calotins* (c'était l'expression de ce zélé patriote),
devait mal accueillir sa visite, mais il n'avait pas
calculé que chez les aveugles les perceptions de
l'ouïe sont fort délicates, et quoiqu'il eût sonné

aussi légèrement que possible, Christophe entendit et donna l'ordre d'introduire près de lui l'étranger qui se présentait.

Le curé crut devoir se nommer et s'attendait à être repoussé ou moins bien accueilli.

— Vous venez voir un homme qui n'est plus de ce monde, dit Christophe d'un ton triste, mais qui n'avait rien d'hostile.

— Il y a monde et monde, répartit le curé; on peut en changer sans cesser d'en faire partie; pour ma part j'espère bien que vous ne revenez pas parmi nous pour refuser d'être des nôtres.

— On ne tient cependant guère à me posséder à Villefranche, monsieur le curé, personne n'est venu fêter mon retour, s'enquérir même de mes nouvelles. J'avais rendu mon nom assez populaire, croyais-je, pour voir au moins accourir quelques amis.

— Les amis sont rares partout.

— Et ma fille, ma fille n'est-elle donc plus pour eux un des rameaux bénis de la famille d'émancipation ?

— Famille bien ingrate, riposta le curé en souriant. L'inflexible égalité des impôts qu'elle frappe fait que toute application devient générale et qu'on exagère les frais de perception jusqu'à toujours donner, ne vouloir jamais rendre. Ne vous plaignez donc qu'à moitié des résultats défectueux d'une doctrine que vous encouragiez jadis, monsieur.

Le curé eut à peine prononcé ces paroles qu'il s'en repentit, craignant d'avoir irrité la susceptibilité de son hôte ; mais Christophe reprit simplement :

— Vous vous trompez, je n'ai jamais encouragé l'ingratitude des hommes qui ferraillent ensemble quand ils ont quelque chose à gagner et qui s'esquivent dès qu'il y a danger à se reconnaître ; non jamais, ou j'aurais été bien coupable.

Le curé ne dit pas : vous l'avez été. Il se tut, mais son silence était accusateur. Christophe le comprit.

— La légèreté humaine doit faire absoudre les gens qui se démolissent eux-mêmes, reprit-il avec amertume ; mais ces femmes qui abandonnent Bénédicte, la valent-elles ?

— Je le leur souhaite de tout mon cœur.

— Et pourtant, monsieur l'abbé, vous n'êtes pas venu plus que les autres, vous n'êtes pas venu la voir, vous.

— Par une raison bien simple, j'étais à Paris.

— A Paris ! ah !

Christophe tressaillit.

— Oui monsieur, j'en arrive et je venais justement apporter à mademoiselle votre fille des nouvelles.

— De Paris, de sa famille, inutile de lui en reparler ; ce sujet-là nous fait mal à tous les deux. N'en parlez pas, monsieur l'abbé.

— Cependant je suis chargé d'une commission que

je dois faire , j'ai un paquet envoyé par mademoiselle Maria de Grival , j'ai des lettres de ces dames,
et de plus, Monsieur Gustave Grival qui n'ose pas
écrire, lui , m'a prié de vous faire part de son prochain mariage avec mademoiselle de Thiarre.

— C'est donc positif ?

— Positif, monsieur, cela se fera prochainement ,
très-prochainement, comme j'ai l'honneur de vous
l'apprendre.

Christophe secoua la tête.

— Vous n'ignorez pas , continua le curé , que ce
n'est pas mademoiselle de Thiarre qu'il désirait
épouser et vous devez comprendre que , s'il prend
aussi vite ce parti énergique , il a des droits incon-
testables à votre estime et à votre reconnaissance.

La tête de Christophe s'agitait de plus en plus.

— Ah voilà , dit-il , voilà ; on parle des misères
engendrées par l'indiscipline, et ce jeune homme ,
ce type des grands principes religieux et conservateurs, n'est pas même quinze jours fidèle aux souvenirs.

— Ces souvenirs sont cependant le puissant levier
dont ses parents et ses amis se sont servi pour le
déterminer à ce mariage.

Christophe fit un ricanement sourd.

— Je ne vous trompe ni ne me trompe, monsieur.
Un amour dont Jésus-Christ est le centre, agrandit le
cœur au lieu de l'envahir.

— A ce point, reprit Christophe d'un ton railleur,

que les amours profanes s'y logent successivement
sans difficulté.

— A ce point, poursuivit sévèrement le curé,
qu'au mépris des sentiments les plus vrais on peut
étouffer les inclinations et faire accepter le devoir
que les circonstances commandent. Dans ces cir-
circonstances, mademoiselle de Thiarre elle-même a
compris qu'elle n'avait rien à redouter des souvenirs
de Gustave ; au lieu d'être jalouse mesquinement,
elle s'est promis de prendre Bénédicte pour modèle ;
cette conduite la fera entrer d'assaut dans le cœur
de son époux, il retrouvera encore, avec cette foi
évangélique qui le charmait, cette force chrétienne
qui lui semblait la plus irrésistible puissance ; il ne
se fera donc aucun retranchement dans leurs pensées ni à l'un ni à l'autre, ils peuvent parler de votre
fille et l'aimer sans avoir à rougir, monsieur. C'est
ce qu'ils font, son nom revient dans toutes les conversations sans qu'ils croient prudent de l'éloigner.

— Cette jeune fille est donc bien inexpérimentée,
interrompit monsieur Laroze.

— Elle est très-pure ; ceux qui n'ont pas l'idée
des défaites de l'humanité, voient l'existence sous
son noble aspect.

— Ils vivent dans l'erreur par conséquent.

— Non pas, transfigurer la nature humaine n'est
pas une erreur, c'est chercher au milieu d'elle la
sainteté. Considérez Bénédicte, monsieur, vous
croyez-vous dans l'erreur en admirant la pureté de
sa vie ? L'aviez-vous trouvée défaillante ?

— Je l'ai soupçonnée , murmura Christophe.

— Soupçonnée !

Le curé se leva stupéfait.

— Je devine votre mouvement sans vous voir , poursuivit Christophe , vous êtes surpris et cependant n'était-il pas naturel qu'elle voulût m'abandonner, me trahir ? Je me suis toujours opposé à tout ce qu'elle a désiré sur la terre. En dernier lieu je l'ai séparée même de ses amis , de la ville qu'elle préférait ; je lui ai tout enlevé.

— Avez-vous donc reconnu au moins que , pour briser ainsi, sans employer d'autorité, les affections de votre fille, il fallait au-dessus de vous une autorité plus inébranlable que la vôtre.

— Oui , j'ai pensé que, si le christianisme détruit l'égoïsme , il vient puissamment en aide aux pères de famille et qu'il est quelquefois heureux d'enrôler les femmes sous sa bannière.

— Si vous reconnaissez que le christianisme engage les femmes à l'obéissance , au dévouement, nous avons déjà beaucoup gagné près de vous , mais pour les hommes , vous croyez la mesure inutile sans doute !

— Monsieur , l'homme agit dans une sphère plus large et ne peut s'arrêter aux subtilités du spiritualisme. Tant qu'il voit l'avenir se dérouler , sa marche l'entraîne ; le christianisme le seconde en ce sens qu'il a besoin d'une obéissance qui n'entrave pas ses mouvements.

Le curé avait envie de dire : malheureux , vous qui n'avez été gêné par aucun récalcitrant , regardez donc : où êtes-vous arrivé ?

Il se contint, craignant de l'exaspérer et de perdre encore une fois sa confiance.

CHAPITRE XLI

COMMENT L'IMMOBILITÉ PEUT ENCORE ÊTRE UNE CAUSE DE PROGRÈS.

> Il y a bien assez de lumières pour celui qui veut voir, assez de ténèbres pour ceux qui veulent y rester.
>
> (PASCAL).

Le curé raconta ensuite à monsieur Laroze que Gustave de Grival allait très-certainement être élu député ; il ajouta que mademoiselle de Thiarre n'était nullement étrangère à cette nomination ; elle était très-aimée dans tout le pays et en apprenant qu'elle choisissait pour époux ce jeune homme, déjà propriétaire dans les environs de Villefranche, toute la classe ouvrière l'avait désigné de confiance comme le meilleur candidat.

Christophe apprit dans cette conversation les petites intrigues survenues dans l'arrondissement. Il sut que le baron de Cervannes était venu passer quelques jours dans son château afin de découvrir s'il lui restait des chances de succès; il voulait s'assurer aussi que monsieur Laroze, quoique aveugle, ne préparait pas encore quelque propagande incendiaire.

— Il avait été très-effrayé en apprenant que son concurrent , au lieu d'être un homme de principes subversifs, était Gustave de Grival , l'homme le plus pur, le plus incorruptible, le plus convaincu et le plus chaudement dévoué à toutes les nobles causes.

Que faire en présence d'un candidat de cette trempe et comment le démolir ?

Aussitôt , malgré la cherté du vin , on avait pu remarquer une augmentation notable de consommation. L'état comparatif des boissons vendues et des droits de détail perçus dans le canton avait été établi par le commis principal et s'élevait à un chiffre prodigieux ; de plus il avait fait *remettre à neuf* des familles dénuées de tout ; on avait même fait distribuer un petit papier sur lequel on lisait que , si monsieur de Grival était nommé , il serait imprudent de méconnaître cette élection au point de vue politique : ce serait le prélude d'une opposition bien autrement grave contre le gouvernement , un essai des forces avant l'heure du combat , une coalition organisée , etc., etc.

Tous ces maladroits moyens avaient éloigné les gens sages du baron de Cervannes; quant au peuple, il se grise avec une certaine satisfaction , mais une fois dégrisé, il ne sait aucun gré à ceux qui lui ont ouvert les cabarets et il en fait bon marché , tandis que la famille de Thiarre, en fondant des écoles, en surveillant la moralité des enfants, en grondant les paresseux, en récompensant les bons ouvriers, avait acquis une influence bien autrement résistante.

— Gustave sera un homme d'immobilité, murmura Christophe quand le curé eut fini de parler, il ne secondera pas le progrès.

— Quelle erreur ! s'écria le curé, et comment peut-on croire que le progrès consiste à toujours créer du nouveau plutôt qu'à maintenir solidement ce qui est bon et juste ?

Concevez donc, monsieur, que ce qui paraît bon et juste pour les uns, paraît insupportable aux autres : il faut donc une lumière réelle que tout le monde voie de même.

Cette lumière réelle, monsieur, c'est le christianisme ; soyons tous chrétiens, nous verrons tous de même. Jusque-là nous pouvons dire comme jadis cet aveugle à sainte Elisabeth de Hongrie :

« Je ne vois pas la lumière du soleil, je suis le » prisonnier de Dieu. »

— Que répondit sainte Elisabeth, demanda Christophe ?

— Elle répondit : C'est pour ton bien que Dieu t'a envoyé ce malheur, tu aurais peut-être été entraîné à des excès ; tu aurais plus péché qu'à présent.

Christophe appuya son front dans sa main, il ne s'emporta pas comme il n'aurait pas manqué de le faire avant de quitter Paris. Il dit seulement :

— Cet homme était bien heureux d'être résigné.

— Oui monsieur, il était heureux, la résignation est le premier bienfait et celui qui nous attire le plus de récompenses. Aussi sainte Elisabeth , émue de pitié en voyant un misérable accepter sa captivité avec tant de soumission, vint s'agenouiller près de lui : « Mon ami , lui dit-elle , prie Dieu de te rendre la lumière , je le prierai avec toi. »

L'aveugle eut confiance , il tomba prosterné devant cette noble femme, et après qu'ils eurent prié tous les deux, il vit clair et il employa le reste de sa vie à servir Dieu et à fuir le péché.

— Votre histoire est jolie , elle est touchante, je dirai même , reprit Christophe , mais enfin après tout je ne suis pas forcé d'y croire.

— Non, c'est une légende, par conséquent ce n'est pas un article de foi ; mais admettons qu'un aveugle ne puisse même pas guérir par la grâce de Dieu , dit le curé ; cependant, si son âme se dégage petit à petit des biens terrestres et s'élève vers le ciel par la résignation, elle progresse tout en vivant dans l'immobilité comme vous le prétendiez tout à l'heure.

Le père Félix disait à Notre-Dame ces jours-ci , continua le curé : « De même que la négation n'est » qu'une ruine qui abaisse, humilie l'esprit humain, » et qui fait du progrès un édifice fondé sur le sable, » de même l'immobilité qui paraît tenir captive la » pensée de l'homme est une barrière qui empêche » les entraînements coupables de dépasser les » grandes lignes définies par l'Evangile. »

— Ceci ressemble singulièrement à un paradoxe , monsieur l'abbé.

— Non, car il ajoute : « Comme un coursier géné-
» reux, captif et libre tout ensemble dans la carrière
» ouverte à son ardeur, l'homme trouve avec le facile
» essor de sa puissance et de son énergie une dé-
» fense salutaire contre sa propre fougue, c'est-à-
» dire contre sa propre servitude et il dit en portant
» sa chaîne avec une dignité royale : Je suis aussi
» la liberté ! »

— Dans tous les cas, dit Christophe, cette liberté-
là est horriblement muselée.

— Bien moins que vous ne croyez, monsieur, mais
elle a cette permanence qui maintient l'ordre, qui
maintient la morale, qui maintient les dogmes, elle
permet cependant à l'amour de Dieu de grandir et
de se manifester dans toutes les transformations du
progrès.

— Que je suis encore loin de comprendre ce langage, dit Christophe !

— Attendez, monsieur, attendez, poursuivit le
prêtre, vous finirez par le comprendre ; écoutez
seulement votre chère fille, elle n'a pas une imagination fougueuse, une élocution entraînante, une
instruction profonde, une supériorité qui puisse étonner dès l'abord; mais elle a cette fermeté, cette *immobilité* qui donne la conviction, et si elle ne se pré-
cipite pas au nom de Jésus-Christ dans des discussions
emportées, elle ne cède jamais devant une théorie qui
blesse sa conscience. L'avez-vous remarqué ?

— Oui , souvent, répartit Christophe en souriant ; j'avoue même que, tout en ne partageant pas ces idées, j'ai admiré toujours la persistance , le courage avec lesquels cette enfant résistait à des arguments bien autrement brillants que ceux qu'elle employait.

—Mais bien moins forts, pouvez-vous ajouter, car les uns ont suivi la pente des événements et sont tombés, les siens sont invincibles et lui servent d'appui.

Ces messieurs causèrent encore ainsi quelques instants.

Ensuite le curé fut obligé de prendre congé de Christophe , mais il ne voulut pas s'éloigner sans être autorisé à revenir. Il allait en demander humblement la permission quand monsieur Laroze l'assura qu'il le reverrait avec plaisir et que sa fille regretterait trop d'avoir manqué cette visite pour qu'il ne vînt pas l'en dédommager.

Le curé le remercia gracieusement , déposa sur une table les lettres et les paquets dont il était chargé pour mademoiselle Laroze, et reprit la route du presbytère en la suivant. Il répéta plusieurs fois :

Que de chemin vous avez fait en quinze jours, Bénédicte ! oh ! que de chemin vous avez fait ! Mais Bénédicte n'entendit pas , elle était rentrée chez elle par la porte du jardin , tandis que le curé s'en allait d'un côté opposé.

Comme moyen de rendre sa vie plus douce et d'obtenir de nouvelles grâces pour son père, la noble fille venait de visiter les pauvres et de leur porter des secours avec une sœur de charité dont elle avait fait connaissance le matin en allant à la messe.

Ceux qui appartiennent au Seigneur se devinent et se rapprochent. La sœur avait compris immédiatement, en voyant ce visage encore jeune et déjà un peu flétri, ces yeux limpides, cette démarche grave, qu'il y avait une belle âme de plus en communion avec la sienne ; et sans hésiter, elle lui avait parlé et lui avait offert ses services.

Or, le plus grand service qu'on puisse rendre à une femme pieuse, à une sœur de Jésus-Christ, c'est de la mener chez les pauvres ; elles se promirent donc d'y aller; actuellement elles en revenaient.

CHAPITRE XLII

JEANNE ÉCRIT ENCORE A BÉNÉDICTE.

———

> Le poids d'une âme est si fort
> que, soit pour se sauver soit
> pour se perdre, elle entraîne
> les événements du côté où
> elle va elle-même. En vain,
> sous le masque d'intérêts
> secondaires , chercherait-
> on à dissimuler cet intérêt
> suprême , depuis que le sang
> d'un Dieu l'a rachetée, une
> ame chrétienne fait trop
> grande figure.
>
> (MONSEIGNEUR DE MOULINS).

onsieur le curé veut emporter ma lettre; cela me gêne , Bénédicte.

Mais il le veut ainsi. Si vous êtes surprise qu'il le veuille , regardez ce gros paquet près duquel je vais la placer , et dites-vous que votre curé tient à ne pas vous apporter un souvenir uniquement matériel de vos anciens amis.

C'est une bonne pensée, pourquoi la gâter en s'écriant : Jeanne , dépêchez-vous , dépêchez-vous d'écrire cette lettre.

— Me dépêcher , mon vénérable , y songez-vous ? J'écris à Bénédicte.

— J'y songe très-fort , c'est bien vite écrit :
« Mille tendresses , pensez à moi dans vos prières
» et rêvons ensemble aux félicités célestes qui nous
» réuniront.» Puis mettez sous enveloppe et donnez-
moi ça.

— Mais non , mais non , monsieur le curé, j'ai
des questions à lui faire ; j'ai beaucoup à dire.

— Des questions à lui faire , faites vite , parlez,
Jeanne , je vais y répondre.

— Oh ! oh ! ah ! ah ! monsieur le curé !

— Vous en doutez , vous ne me croyez pas de
force ; voyons , faites-en une , deux , vous verrez
si je ne réponds pas immédiatement.

— Me direz-vous seulement , dis-je en prenant
une plume et de l'encre sur le secrétaire de tante
Maria, pourquoi je ne puis m'élever une seconde sur
la pointe des pieds sans risquer de faire une
chute ?

— C'est facile , vous n'avez jamais étudié les
contre-poids. Écoutez saint François de Sales , il
dit : « Les anges ont des ailes sur l'échelle de Jacob
» et cependant ils ne volent pas , mais ils montent
» et descendent avec ordre d'échelon en échelon.
» Ainsi va notre âme du péché à la dévotion ; elle
» s'élève peu à peu , semblable à l'aube du jour
» qui ne chasse pas tout-à-coup les ténèbres , mais
» lentement et par degrés. »

Je restai un instant interdite à réfléchir à cette
phrase si longue , si sévère, et je m'écriai :

— Bénédicte n'aurait pas répondu ainsi, elle aurait dit simplement : Comme la raison de Jeanne n'est pas à la même hauteur que son cœur, elle manque d'équilibre.

— C'est toujours la même pensée.

— C'est possible, monsieur l'abbé ; mais c'est moins sérieux et je le comprends plus vite ; décidément vous n'aurez pas ma lettre, j'ai un secret à confier.

— Voilà bien les jeunes filles, toujours des secrets à confier.

— Il n'y a rien de plus ridicule, cependant dit tante Maria.

— Et de plus inutile, reprit Gustave. On les connaît ces fameux secrets.

— Vous ne connaissez pas le mien, vilain frère !

— Je le connais à merveille, je le connais si bien que je vais le dire à monsieur le curé.

— Gustave !

— Voilà l'histoire, monsieur le curé.

— Gustave !

— Vous nous avez envoyé le jeune Stalberg, poursuit Gustave en souriant de mes yeux effrayés ; probablement nous avons eu le don de lui plaire ou de l'intéresser par nos conversations puisqu'il cherche sans cesse un prétexte pour revenir ; le matin, le soir, il me demande. Jusqu'ici il n'y a pas de secret. Il n'y en a même pas assez puisque toutes les femmes de l'hôtel ont été forcées d'en tirer mille conséquences de leurs cerveaux.

— Après , dit le curé.

— Après , ma tante de Bertray s'est émue, elle nous a admonestés ; d'après elle ce jeune hérétique fera tort à mon élection , compromettra ma sœur, convertira au protestantisme Jeanne ou même tante Maria , si elles se laissent ainsi persuader d'admettre un étranger continuellement chez elles.

— Et le secret !

— Nous y voilà , je ne sais pourquoi cette discussion entre la marquise et moi a troublé Jeanne ; au lieu de laisser ma tante blâmer , conseiller , et de l'écouter avec déférence , Jeanne est montée sur ses petits chevaux indomptables , elle a caracollé à droite, à gauche, disant que ni elle , ni tante Maria ne se feraient protestantes, mais que Stalberg se ferait catholique. Rien n'est beau, disait-elle en lançant des coursiers fantastiques comme de dégager une âme qui ne circule pas librement au milieu de ses doutes. Les petits esprits , les médisants peuvent en tirer des conclusions terriblement stupides, mais les gens de cœur se mettent au-dessus des précautions et des abus. C'était beau, monsieur le curé, qu'en dites-vous ?

— Comment, Jeanne , vous prenez les choses sur ce ton ?

— Oui , oui , cher abbé , voilà le fameux secret , poursuivit Gustave ; nous voulons savoir si Bénédicte

blâme ou approuve nos petites manières de combat-
tantes et si le poids d'une âme est si précieux que ,
pour la sauver, on puisse un tant soit peu essayer
de se perdre. Ai-je deviné , Jeanne ?

J'étais furieuse, d'autant plus furieuse, chère
Bénédicte , que cet affreux Gustave disait vrai. Certainement j'allais recommencer une autre course non
moins précipitée autour de lui et le sommer d'expliquer en vertu de quel droit il démêlait mes secrets,
il interprétait notre correspondance. Mais... j'en fus
empêchée par l'arrivée d'Adrien Stalberg lui-même.

J'étais très-rouge... Gustave croisait les bras d'un
air suffisant et le curé le regarda en fronçant si
fort les sourcils qu'il recula interdit. Je crois même
que le curé dit :

— Comment , encore vous , monsieur ?

Oh ! pour le coup, je n'étais plus seule à rougir,
Adrien aussi rougissait, de plus il allait s'éloigner
quand Gustave se ravisa. Il le prit en riant par
le bras , le conduisit à un siége et lui raconta
simplement que nous parlions de lui et que
j'avais assuré ma tante qu'il deviendrait catholique.
Le curé osa rapporter ma petite scène avec la marquise , ce qui me troubla énormément. On cita
même les paroles qu'elle avait prononcées contre
moi.

— Dans mon temps , avait-elle dit , nous étions
plus modestes , plus respectueuses, moins positi-

14.

ves que les jeunes filles d'aujourd'hui ; pourtant nous n'étions pas plus sottes.

Je fus assez froissée de voir monsieur Stalberg se permettre d'en rire : de sa part c'était certainement fort léger.

Quant au curé, il avait oublié qu'il était très-pressé, il se lança sur l'avantage indiscutable que l'âme doit retirer du contact des vrais chrétiens.

Monsieur Stalberg écoutait sans trop de distractions. Il est vrai de dire que je laissai tomber deux ou trois grains de sagesse qui contribuèrent, je crois, à l'amélioration de ce pécheur endurci. J'attends votre réponse tmpatiemment, Bénédicte, pour savoir ce que vous pensez de tous ces secrets qui n'en sont plus, bien malgré moi. Je termine ici ; le curé recommence à demander sa lettre, de plus j'ai peur que les regrets du passé qui me restent à exprimer fassent un chaos des plus embrouillés au milieu de mes préoccupations nouvelles ; j'aime mieux récrire demain, quand j'aurai le temps de songer réellement à ce que je dis et à ce que je pense.

CHAPITRE XLIII

TANTE MARIA ÉCRIT AUSSI.

> Tout ce que nous pouvons
> voir, tout ce que nous pou-
> vons être et sentir n'a de
> prix que pour nous mettre
> en état de gagner le monde
> à venir, le monde des états
> stables et achevés.
>
> (A. TONNELLÉ.)

a bonne cousine, cette petite folle de Jeanne vous écrit une longue lettre aussi décousue que ses pensées, mais je puis cependant vous affirmer que, depuis votre départ, elle parle de vous constamment. Pendant plus de huit jours elle a résisté à toutes les instances de mademoiselle de Thiarre qui l'engageait à monter chez elle, et quand elle a cédé, je vous assure que son cœur était bien mécontent; elle regardait partout dans votre ancienne chambre au lieu de répondre, et le seul moyen de la ramener à la conversation a été de lui parler de vous; depuis elle redit tous les jours votre éloge, elle refait votre portrait à sa jeune voisine et celle-ci s'étudie à vous imiter.

Nous savons tous gré à mademoiselle de Thiarre de vouloir vous ressembler pour nous plaire, chère Bénédicte : c'est une preuve de tact et de sentiments délicats bien faits pour nous toucher. Elle tient énormément à vous retrouver, à se faire aimer de vous, et nous pouvons tous dire qu'elle méritera de l'être sans que cela vous froisse. Vous êtes trop à l'abri des impressions vulgaires pour ne pas répondre noblement en toutes choses à notre attente. Pour vous aimer, Bénédicte, il ne faut pas longtemps ; mais pour vous connaître, il suffit de lire cette phrase que vous avez écrite dans votre chambre près de votre prie-Dieu et qui est restée gravée :

« Je m'attacherai à Dieu et je le trouverai même » au milieu des ombres de la mort. » (DAVID).

En la lisant, on devine que, si votre âme est atteinte d'une défaillance, elle ne pourra jamais être que passagère, et que le Seigneur qui vous enlève au monde vous fera continuellement souvenir qu'il vous met en association avec ses plus fidèles serviteurs ; ne croyez pas, ma chère amie, que je vous parle ainsi pour vous encourager dans la vie de sacrifice, je vois parfaitement que vous n'êtes plus capable de retourner en arrière.

La marquise commence aussi à le comprendre, elle se reproche la sévérité de ses dernières paroles, et, quand le baron de Cervannes est revenu le lendemain, elle l'a fort mal reçu. Lui souriait, et, le croiriez-vous, craignant que votre père ne soit pas

véritablement aveugle et qu'il ne soit allé à Villefranche se faire nommer député, il a osé reparler
mariage, osé assurer qu'il *accepterait votre père* s'il re-
nonçait à toute intrigue politique ; qu'il demandait
simplement, comme compensation , qu'Adrien Stalberg fût mis à la porte et qu'aucun de nous ne con-
sentît plus à le recevoir.

Vous pouvez juger quel effet ces belles propositions devaient produire et comme elles renversaient
à elles seules les méchantes insinuations de la
veille , etc., etc.

Tante Maria , dans la dernière partie de son épî-
tre , demandait à Bénédicte des renseignements
précis , circonstanciés sur Stalberg , sa famille , ses
relations et les alliances de ses parents résidant à
Villefranche.

Elle ajoutait qu'elle connaissait les égarements politiques du père de Stalberg , mais pouvait, comme
l'affirmait ce jeune homme , croire seulement à un
moment d'erreurqui n'avait été accompagné d'aucun
fait regrettable.

Bénédicte remarqua les mots soulignés , les ins-
tances faites pour avoir une réponse prompte.

Il était évident qu'il était question de mariage
entre Stalberg et Jeanne. Quelque semaine avant ce
jour, elle aurait cru ce mariage impossible : aurait-
elle donc cru celui de Gustave si prompt ! Aujour-
d'hui Bénédicte ne s'étonnait de rien , elle avait
découvert tant de versatilité dans les opinions,

dans les affections, qu'elle ne voyait plus rien de stable ici-bas. Elle fut même surprise d'apprendre ces événements successifs avec tant de calme ; mais il n'y avait cependant rien que de très-naturel ; comme sainte Françoise, Bénédicte s'agenouillait déjà sans s'en douter au bord d'un ruisseau entouré de fleurs. Elle disait aussi :

« Voilà l'image de la grâce de Dieu : comme ce ruisseau, elle coule doucement, doucement dans mon cœur et ne tarira plus. »

CHAPITRE XLIV

BÉNÉDICTE A TANTE MARIA.

———

> Prier ensemble, dans quelque langue,
> dans quelque rite que ce soit, c'est la
> plus touchante fraternité d'espérance
> et de sympathie que les hommes puis-
> sent contracter sur cette terre.
> (MADAME DE STAEL.)

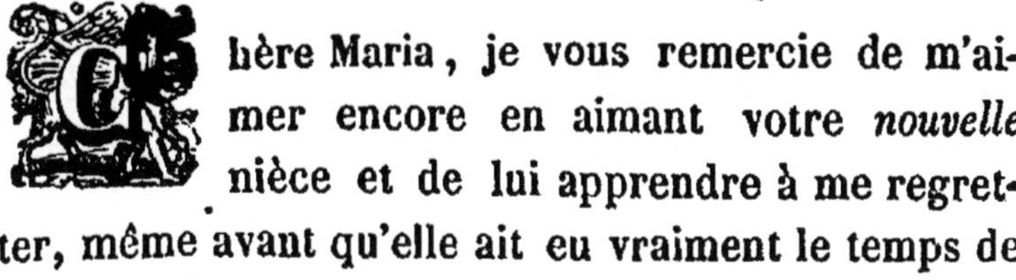

Chère Maria, je vous remercie de m'aimer encore en aimant votre *nouvelle*
nièce et de lui apprendre à me regret-
ter, même avant qu'elle ait eu vraiment le temps de
me connaître.

J'espère qu'elle n'aura jamais lieu de se repentir
des pensées affectueuses qu'elle m'envoie ; quant à
chercher à me ressembler, chère Maria, dites-lui plutôt de rester elle-même, je ne vois pas assez clairement ce qu'elle gagnerait à la métamorphose ; mais,
si elle veut, nous prierons ensemble pour *leur* bonheur *à tous les deux*, car enfin, la prière est la vraie,
la seule fraternité qui puisse nous rapprocher désormais.

Je me hâte de vous envoyer une note très-
longue écrite sous la dictée de mon père ; elle concerne tous les faits relatifs aux *Stalberg*, famille

d'origine alsacienne. Le curé de Villefranche vous envoie également quelques lignes sur la famille maternelle de monsieur Adrien et tous les renseignements moraux qu'il a pu recueillir sur le jeune homme. Ces renseignements, quoique pris avec ménagements, ont un peu ébranlé la tranquillité de Villefranche. On se demande si *je* vais bientôt épouser ce jeune homme, et Suzanne Flichet a été très-stupéfaite d'apprendre qu'en dépit des bruits répandus, dans un mois, nous quittons cette maison pour retourner dans celle qui nous appartient. Je suis très-reconnaissante de l'affliction que cette nouvelle lui cause et j'éprouverais une douce satisfaction à lui assurer que son jeune maître lui amènera quelque jour une femme plus jeune, plus gaie, plus en rapport avec lui que je n'aurais pu l'être.

Mon père a été satisfait de vous rendre ce service ; maintenant qu'il ne redoute plus votre influence, il parle de vous tous sans aigreur ; son caractère s'est déjà modifié, ses antipathies s'apaisent et les souvenirs du passé préparent, je crois, un heureux avenir, à mesure qu'ils se présentent à sa pensée dans toute leur véritable expression.

Ici il n'a plus les joies du regard, mais il a le parfum des plantes, cette brise de l'air chantée par les poètes dont les gens positifs font si grand marché, mais que les aveugles apprécient au-delà de tout autre trésor ; il m'avoue qu'en dehors des jouissances extérieures qu'il ne connaît plus, il découvre en lui-même des sentiments qu'il n'avait pas connus et qui ont bien leur charme.

Ce qui vous étonnera, c'est que le curé vient souvent nous rejoindre à la promenade et qu'il ose même nous faire des visites sans que mon père s'en plaigne.

Il est vrai que mon pauvre père s'ennuie, qu'il a besoin de distractions, mais cependant autrefois, même dans les heures d'ennui, il eût fait interdire sa porte à l'ecclésiastique assez osé pour venir le distraire.

Nous sommes donc en grand progrès; ces messieurs parlent science, littérature. Aussitôt tout vient aboutir aux questions religieuses. A notre époque on ne peut séparer les lois du monde de celles de Dieu sans les tuer réciproquement; ainsi, quoiqu'on en dise, il est impossible à mon père de prouver qu'on cesse d'être chrétien parce qu'on administre l'état; impossible de prouver que Jésus-Christ ne triomphe pas autant comme Dieu que comme homme. Le curé en tire la conséquence que les pouvoirs doivent tout autant d'obéissance que les peuples et que, dès qu'ils s'en affranchissent, les constitutions se vicient, les hommes se considèrent comme les ennemis les uns des autres et bouleversent les sociétés.

Le curé prétend que l'on peut comparer la plupart des chrétiens aux élèves dont le bon sens n'est pas assez formé; la multiplicité des études amène la confusion et empêche la fécondité des résultats. Il dit aussi que ceux qui n'ont pas assez pénétré les connaissances religieuses pour s'en faire un point d'appui, vont se heurter contre des sciences profanes qui restent en-dessous des balances célestes.

Mon père ne s'irrite pas, il discute ces choses, il répond sans invoquer les droits de l'esprit qu'il revendiquait toujours jadis. Je crois déjà le voir porter la main à sa couronne terrestre pour la jeter loin de lui; et quand on lui apprend que le baron de Cervannes se prétend en butte à une opposition cléricale qui entraîne la défection des maires, vraiment il rit d'aussi bon cœur que le curé.

Ce matin, il y avait dans le journal cette phrase : *Laissera-t-on nommer monsieur de Grival, cet ennemi du gouvernement !*

C'est absurde, a dit mon père, Grival n'est pas un ennemi du gouvernement, c'est simplement un homme qui passera à l'épreuve du fer et du feu si on attaque ses convictions.

— En parlant ainsi, vous en faites un grand éloge, reprit le curé.

— Je ne sais si je fais son éloge; mais j'affirme que j'honore son caractère.

— Vous m'étonnez.

— Pourquoi donc ?

— Mais vous refusiez énergiquement qu'il devînt votre gendre.

— Il y avait antipathie entre nous ; la chaîne de ses croyances est trop tendue pour ne pas gêner ; néanmoins , quand il sera marié, je désire qu'il sache bien que, tout en le redoutant, je lui ai rendu justice et que je l'estime.

Chère cousine, vous avez exprimé le désir de me voir plus tard aimer votre nouvelle nièce ; cette réponse de mon père doit vous prouver qu'un jour viendra certainement où nous pourrons tous nous retrouver sans amertume. Priez donc avec moi pour que le bonheur de ce jour soit complet et qu'il ne se fasse point trop attendre.

CHAPITRE XLV

BÉNÉDICTE A JEANNE DE GRIVAL.

Quand le Sauveur aborde une âme,
il ne lui fait pas violence, il se
contente de frapper avec autorité :
ouvrez-moi, ma sœur, mon épouse.
Si l'âme s'ouvre, le Seigneur entre ;
sinon il se retire.

(SAINT ATHANASE.)

 y dear, my dear, maintenant que je ne puis plus sentir votre bras glisser autour de mon cou en signe de réconciliation, vous pouvez supposer que j'aurai le courage de vous gronder.

Oh non ! je ne le puis plus ! je ne reproche rien à l'amie que je regrette, mais je dis : prenez garde, vous recevrez ailleurs des leçons si vous affichez pour monsieur Stalberg un zèle aussi outré.

Pourquoi donc tout ce bruit ? est-ce parce que monsieur Stalberg est protestant qu'il vous fait tous sortir des limites de la prudence ?

Est-ce parce qu'il se fera catholique prochainement, m'a dit notre bon curé, que tante Maria se renseigne à son égard et que petite Jeanne invite sa vieille amie à s'exprimer sur son compte ?

Tout cela est possible ; mais personne encore ne le sait, et comme votre réponse semblait acerbe en dépit de son mérite intrinsèque, ma tante de Bertray n'a peut-être pas eu si grand tort d'en faire justice.

Ce qui l'excuse surtout, chère Jeanne, c'est qu'elle ne voit votre visage qu'à travers ses lunettes et je les soupçonne de répandre sur l'humanité une teinte verdâtre.

Mais au reste, j'ai longuement interrogé le curé sur vous, ma petite Jeanne, il prétend que, le jour où vous lutterez sérieusement avec cette vitesse exagérée qui vous emporte, vous deviendrez tout-à-fait bonne.

N'allez pas vous écrier, Jeanne, que je prêche toujours la servitude comme les grands parents. Hélas ! la servitude est un mot qui effraye ; moi-même, je vous l'avoue, j'ai eu peur tant que ma tête n'a pas été courbée, aujourd'hui je ne regarde plus l'obéissance comme un principe de dissolution, mais au contraire je lui souris ; j'imite cet évêque missionnaire qui fit graver sur son cachet : *In cruce salus.*

Depuis ce sourire, bien des joies me sont survenues ; la plus vive, c'est que mon père m'écoute et me parle souvent. Ensuite, j'ai fait la connaissance d'une âme pieuse, comprimée extérieurement sous le joug religieux, mais qui participe en réalité à la gloire des choses divines.

C'est une sœur de charité, ma petite Jeanne, une bonne religieuse qui m'apercevait chaque matin à la messe et qui me prenait, vous allez être surprise ! elle me prenait pour mademoiselle de Thiarre, habituée probablement aussi à venir prier le matin.

Quelle chose singulière, n'est-ce pas ! Sans le savoir, nous étions destinées à nous remplacer mutuellement.

Cette digne sœur, toujours persuadée que je devais être mademoiselle de Thiarre, vint un jour me rappeler que j'oubliais de payer les mois de mes pauvres et qu'ils en souffraient. Je sus ainsi que mademoiselle de Thiarre remettait souvent de l'argent aux bonnes sœurs ; je me hâtai de profiter de la méprise en offrant de remplacer la bienfaitrice absente. Comme j'ai moins d'or à répandre qu'elle, j'ai réclamé le droit de partager les visites des sœurs, de provoquer ainsi la piété des malheureux. Je dois donc ce bonheur à votre nouvelle amie et je vous prie de l'en remercier.

Mes autres joies sont toutes dans l'avenir. Je vois mon père s'améliorer et je crois deviner qu'il deviendra parfait dès qu'il sera résigné complètement. Cette résignation n'est pas loin peut-être, son activité jadis si fougueuse fait déjà place au sang-froid et à la réflexion, il me fait lire tout haut l'écriture sainte et par moments il pose sa main sur mon bras pour que je me taise et qu'il puisse librement songer à ce qu'il vient d'entendre.

L'histoire des saints se mêle aussi souvent à mes lectures ; celle de saint François d'Assise l'a frappé d'étonnement. Autrefois il aurait ri, haussé les épaules de tout ce que j'aurais lu, aujourd'hui il m'a dit de recommencer une seconde fois le chapitre qui concerne le grand saint.

Quand je suis arrivée à certain passage où l'on voit saint François appeler les loups ses frères, mon père s'est frappé le front et s'est écrié :

Quel enseignement ! quel enseignement ! Les hommes ne sont-ils pas des loups pour la plupart ? Ne cherchent-ils pas à se nuire, à se dévorer. En les appelant mes frères, en leur parlant avec douceur, peut-on vraiment les assouplir ?

Ensuite il me fit continuer. Quand j'arrivai à ces paroles de saint François : *Nous devons tout souffrir à cause de Jésus et pour Jésus nous ne devons rien faire souffrir aux autres*, mon père se leva comme s'il était encore surexcité au combat, il fit quelques pas dans le jardin où nous étions l'un et l'autre ; sa main qu'il avança en avant comme pour défier un ennemi, rencontra une rose de tous les mois, il la saisit, l'effeuilla, puis il parut vaincu par ce doux attouchement et vint se rasseoir en disant : cet homme était donc le chef des Franciscains !

Oui, répondis-je, il est le père de ces moines habillés de bure qui font vœu de pénitence, d'austérités, et qui parcourent le monde pour amener les *loups*, ainsi que les oiseaux, à ne former qu'un seul concert céleste.

Il me sembla que mon père murmurait tout bas le mot de capucin, et que je le voyais se frapper la poitrine.

Ce qui est certain, c'est qu'il a été heureux quand le curé est venu ; leur conversation s'est prolongée fort tard, et quand il est parti, mon père lui a tendu la main, en disant : imitez saint François, monsieur l'abbé, appelez à vous tous les loups sans les craindre.

Mais je m'oublie, Jeanne, ces détails qui me sont chers, vous paraissent peut-être puérils, pardonnez-moi donc de vous retenir si longtemps enchaînée à la même place, je vous embrasse de cœur et je vous rends la liberté qui vous est si nécessaire.

Adieu ma petite Jeanne, adieu.

CHAPITRE XLVI

GUSTAVE DE GRIVAL AU CURÉ DE VILLEFRANCHE.

> Les oiseaux s'approchent des
> oiseaux qui leur ressemblent ;
> et la vérité retourne à ceux
> qui l'aiment.
>
> (CHAP. XXVII, L'ECCLÉSIASTIQUE).

out était décidé quand vous êtes parti , mon vieil ami, tout va bientôt se conclure sans que vous soyez là; qu'en dites-vous, en agissant ainsi , n'ai-je pas donné un démenti formel à cette phrase de madame de Staël :
« Les résolutions qui viennent du cœur ont cela
» de particulier, qu'en les prenant on les juge, on
» les blâme souvent soi-même avec sévérité , sans
» cependant hésiter réellement à les prendre. »
Evidemment, madame de Staël se trompe comme tous les gens qui prennent leur imagination pour leur cœur; les résolutions dont elle parle, ne sont que le résultat d'exaltations égoïstes qui veulent jouir à tout prix, ou de sentiments légers qui s'échappent à toute vapeur avant de disparaître; mais

quant aux affections sérieuses qui révèlent aux âmes que la volonté divine est le principe de leurs actes, elles ne se séparent peut-être pas sans blessures, mais à coup sûr elles conservent leur liberté.

Votre absence m'attriste donc, monsieur l'abbé, sans affaiblir ma décision, vous pouvez être tranquille ; mais vous prétendez que l'avenir est presque toujours dans les mains de l'homme qui se marie, et j'avoue que je songe avec effroi à cette responsabilité.

Vous dites, vous affirmez même que l'homme peut arriver degré par degré à s'assurer une royauté intérieure, que rien ne pourra lui enlever ici-bas, s'il justifie, sans prétentions ni despotisme, les sentiments nobles qu'une jeune fille pure et bien élevée a le droit de réclamer.

Cependant, vous ajoutez aussi que le mariage est un immense labyrinthe au milieu duquel les âmes ne doivent pas s'embarquer sans prévoir des ballottements et des déceptions ; il est donc naturel qu'à la veille de s'engager dans cette voie, on soit inquiet.

Pour vous obéir, je vais chaque jour chez mesdames de Thiarre, on me reçoit à merveille, et Jeanne se décide à m'y accompagner. La voix haute, joyeuse, animée de madame de Thiarre, nous a choqués au début ; nous aurions préféré plus de recueillement dans l'ancien appartement de Bénédicte, mais en y réfléchissant, cette bonne dame a peut-être pris un bon parti en cherchant à nous

étourdir et nous ne pouvons que lui savoir gré
d'avoir voulu nous distraire à tout prix.

Les questions de toilette agitent beaucoup ces
dames ; comme toutes les femmes riches de province, Madame de Thiarre se croit obligée d'acheter
beaucoup, elle entasse les inutilités et dépense des
sommes folles avec la conviction que ce doit être
ainsi quand on marie sa fille ; celle-ci cependant
paraît plus entraînée vers les objets simples et de
goût sévère, qu'on ne le suppose autour d'elle.

J'ai remarqué aussi qu'elle préfère les joyaux les
moins brillants et d'un travail plus artistique, et
comme sa mère a choisi des robes à grand effet
qu'elle désire ne pas porter, elle a demandé devant
elle à tante Maria, de quelles nuances étaient les
robes préférées de Bénédicte.

En vérité, a répondu ma tante, nous serions tous
en peine de vous le dire, parce qu'elle ne portait
jamais que des vêtements simples dont les couleurs
s'harmonisaient naturellement, et personne ne songeait à sa robe.

Mademoiselle de Thiarre rougit sans faire de réflexions, elle replia soigneusement des étoffes de
soies éclatantes et il me parut qu'elle écartait aussi
des coiffures surchargées d'ornements. Heureux de
la voir ainsi disposée, j'en profitai pour blâmer un
usage fort à la mode actuellement à Paris. Figurez-
vous, mon cher abbé, qu'on étale les parures, les
robes, les dentelles et quelquefois les vêtements

les plus intimes de la toilette d'une jeune fiancée pour les faire orgueilleusement estimer et admirer par un public indifférent et vaniteux ; chaque objet est palpé, coté, contrôlé, et les personnes invitées à cette ridicule exhibition placent le futur mariage dans une catégorie plus ou moins élevée, suivant le plus ou moins de dépenses faites préalablement.

Ceci me fit découvrir une singulière histoire. Madame de Thiarre s'était adressée, pour les bijoux de sa fille, dans une fabrique où on lui a livré de fort belles parures destinées justement à l'exhibition de la soirée de contrat.

Mais on a découvert qu'un ouvrier de cette fabrique enlevait furtivement de la limaille d'or aux lingots et substituait adroitement du cuivre mis en plus grande quantité, le cuivre étant plus léger que l'or.

Dès-lors, grand émoi, il devint évident que les bijoux achetés dans cette fabrique pouvaient ne pas être en or pur, et tout en les pesant pour retrouver le poids primitif du métal, le fabricant lui-même pouvait s'être trompé.

Madame de Thiarre communiqna ses alarmes autour d'elle, mais sa fille lui demanda en grâce de ne plus songer à ce détail, elle assura Jeanne que l'or était bien souvent remplacé dans la vie par du cuivre, sans que personne s'en aperçût et s'en inquiétât le moins du monde. Comme tante Maria affirmait qu'à notre époque on dénaturait tout,

que le faux s'installait en maître à la place du vrai ,
pourvu que l'aspect général restât le même , je vis
mademoiselle de Thiarre regarder autour d'elle d'un
air pensif ; elle songeait probablemeut qu'elle avait
remplacé Bénédicte et qu'elle n'en paraissait peut-
être pas digne et elle dit à demi-voix avec douceur
que, dans les *Balances du bon Dieu*, il fallait espérer
que le cuivre se transformerait en or.

Cette phrase rappelait naturellement un problème
posé par tout homme qui se marie. Quelle valeur
ai-je trouvée ! Quelle valeur vais-je apporter ? Mais le
fameux livre toujours consulté dans notre famille ne
manquerait pas de répondre que toutes les valeurs
deviennent bonnes quand Dieu seul nous conseille
et nous dirige à ce moment de suprême décision.
Inclinons-nous donc et priez pour moi , mon respectable ami , afin que la confusion qui subsiste
encore dans mou esprit troublé entre les réalités et
les illusions de la vie , se dissipe de jour en jour
davantage et me permette de marcher d'un pas sûr
près de celle qui va devenir ma compagne.

———

CHAPITRE XLVII

VIEILLE FILLE !

> Qui est celui qui a mesuré les eaux
> dans le creux de sa main et qui,
> la tenant étendue, a pesé les cieux ;
> qui soutient de trois doigts toute la
> masse de la terre, qui pèse les mon-
> tagnes et met les collines dans la
> balance.
>
> (ISAÏE.)

Je crois entendre une voix s'écrier : assez, n'allez pas plus loin.

Cette défense peut paraître étrange, cependant elle devient pleine de sens dès qu'on veut réfléchir.

Que si le droit d'écrire des choses ennuyeuses n'est refusé à personne, les lecteurs en revanche se sont réservé le droit à leur tour de ne pas lire des récits sans intérêt et de bailler parfois quand on leur offre une héroïne qui n'a que des mérites intrinsèques.

Je ne puis donc ignorer que Bénédicte vieillit, qu'elle touche à l'âge où les traits les plus agréables n'expriment plus que la fatigue du passé, à l'âge où tout devient destruction.

Pourquoi faut-il que pas une œuvre de Dieu ne se maintienne dans un état qui donne le temps d'admirer à la fois la forme extérieure et le développement intellectuel de l'âme.

Mais non, les deux mouvements se font ainsi dire en sens inverse, c'est-à-dire que l'âme s'agrandit en pureté, en amour religieux, en vertus chétiennes au moment où son enveloppe s'affaisse, et loin de faire servir la matière à raconter la gloire de l'esprit, comme le disait Tonnellé, Dieu tient à nous prouver que la réalisation de toute idée parfaite n'est qu'en lui.

Bénédicte vieillira donc dans un pays trop désert pour l'activité de sa pensée, trop étroit pour son cœur si vaste en sentiments affectueux; par conséquent, bien souvent peut-être, l'un et l'autre voudront-ils prendre un essor qu'elle devra comprimer, mais nous la connaissons assez maintenant pour savoir qu'elle borne ses vœux à l'accomplissement de ses devoirs; qu'elle considère avant tout le mouvement des balances du bon Dieu; n'y voit-elle pas que le renoncement à soi-même, aux choses sensibles, sensuelles, est récompensé en proportion du dédain dont il est l'objet en ce bas monde. Que lui importe dès lors que la dénomination de *vieille fille* soit pour la foule un synonyme de personne égoïste?

Oui, que lui importe? Son but sera atteint, voilà l'essentiel, et son âme ne s'est repliée sur elle-même que pour obéir à une impulsion dont toute la force devra se faire sentir tôt ou tard.

Christophe ne la remercie jamais des soins qu'elle lui donne, il gronde même encore ; mais ces dehors brusques sont chez beaucoup d'hommes des semblants d'énergie qui les flattent parce qu'ils établissent leur autorité.

Ils se trompent, ces hommes-là, attendu que la rudesse est une tendance sauvage tantôt excitée par la haine, tantôt par l'amour-propre blessé, tantôt par une ambition stérile; et cette raideur qui fait croire certains esprits à la supériorité de leur courage n'est qu'une déplorable habitude qui résulte de la faiblesse.

Il est donc à espérer, il est certain même que le caractère de Christophe, déjà adouci, deviendra plus doux encore et plus affectueux quand il se sera dégagé de ses anciens liens et qu'il aura brisé avec eux complètement.

Ce jour-là, Bénédicte n'aura rien à regretter et elle poursuivra les jours, les mois, les semaines sans s'apercevoir que ses cheveux s'éclaircissent, s'argentent, que sa marche se ralentit, que sa taille se courbe et qu'elle n'a d'autre place dans la société que sa chaise à l'église.

CHAPITRE XLVIII

OU EST BÉNÉDICTE,
OU EST VILLEFRANCHE ?

> « Puis que vous avez montré, Sei-
> » gneur, tant de patience durant
> » votre vie, il est bien juste que
> » moi, pauvre pécheur, je souffre
> » patiemment ma misère pour
> » votre volonté, et que je porte
> » pour mon salut, aussi longtemps
> » que vous le voudrez, le poids de
> » cette vie corruptible.
>
> *Imitation,* CH. XVIII, L. III.

Quelques lecteurs se demanderont peut-être dans quel département est réfugiée Bénédicte, Villefranche étant un nom commun à plusieurs villes françaises ; mais les départements sont un détail dont on s'inquiète peu quand on embrasse toute la voûte du ciel. Dans les balances du bon Dieu toutes les cités sont des Villefranche, de même que toutes les femmes dévouées, pieuses, vivant de sacrifice , sont des Bénédicte. Il est donc difficile d'indiquer positivement où se trouve mademoiselle Laroze... il y a beaucoup de Bénédicte sur la terre.

Oui, en vérité, toutes les fois que nous passons près d'une fille pieuse, *vraiment pieuse*, qui ne dit pas de mal de son prochain, qui soigne ses vieux parents, ou élève ses jeunes frères et sœurs par dévouement, qui visite les pauvres et s'interpose comme un ange de paix entre les hommes désunis, nous voyons une Bénédicte.

Il faut l'avouer, ces Bénédicte sont rares comme tout ce qui est digne d'éloges, on leur oppose même la vieille fille aigrie par les déceptions, celle qui se venge sur la société des railleries que le monde lui jette à profusion ; mais celle-là ne se sert de la religion que par passe-temps, elle s'en sert pour obtenir le respect qui semble lui échapper.

Arrivons à Jeanne : cette étourdie inexpérimentée, mais si franchement bonne, elle devient meilleure tous les jours depuis qu'elle examine de quel poids doivent être ses peccadilles dans les balances du bon Dieu. On lui prédit même qu'elle deviendra parfaite si elle veut simplement livrer bataille au péché véniel.

Jusqu'ici elle n'y travaille pas assez. Elle aime toujours les libertés de l'esprit, les caprices de la volonté. Ce genre un peu abandonné fait sourire ceux qui considèrent son jeune visage ; mais on parle de marier Jeanne, et, malgré la rectitude de ses réponses et les sentiments généreux de son bon cœur, elle ne peut ignorer qu'une jeune femme doit se respecter elle-même dans sa parure, dans ses paroles, dans sa démarche, si elle veut inspirer à son époux le même respect.

« Oui , Bénédicte , écrivait-elle à son amie ; oui ,
» Bénédicte , Stalberg est catholique, et maintenant
» que nous appartenons à la même église, je ne
» conçois vraiment pas comment la marquise de
» Bertray ose dire que notre union serait une mé-
» salliance.

» Mademoiselle de Grival peut-elle se résoudre à
» ne porter ni titre , ni particule, lui demandait hier
» sa confidente Esther ?

» Non certes, je l'espère bien, répartit la mar-
» quise , je ne crois pas à ce mariage , il ne se fera
» pas.

» Le propos m'a été rapporté immédiatement. Si
» je n'avais eu près de moi votre lettre qui me con-
» seille la modération, chère Bénédicte, je serais de
» nouveau grimpée sur mes *petits chevaux indomp-*
» *tables* pour assurer ma grand'tante que mon ma-
» riage se ferait.

» J'aurais dit superbement que la noblesse est
» bien certainement, comme la croix, le principe
» de la vie morale, la récompense du mérite, etc. ,
» etc. ; mais qu'elle n'est plus qu'un hochet quand
» on s'en pare uniquement par amour-propre,
» j'aurais osé le dire, impossible... Votre lettre
» était là, Bénédicte, et rien qu'en la regardant
» je me suis rappelée que vous blâmiez ma petite
» permanence d'opposition contre les systèmes
» d'autorité.

» J'ai donc attendu... Pendant ce temps de pa-

» tience, le propos de madame de Bertray circulait
» d'étage en étage, de bouche en bouche, et arrivait
» à monsieur Stalberg si bien augmenté qu'il a cru
» son mariage manqué s'il n'exhibait ses aïeux; aus-
» sitôt de vieilles paperasses noircies, enfumées,
» présentant les noms quatre-vingt fois répétés du
» *chevalier* Stalberg, de l'*écuyer* Stalberg et d'al-
» liances fort honorables, ont été mises en réquisi-
» tion. *Tout avait un caractère de délabrement noir*
» *et fier d'une ruine qui ne se plaint point, qui ne se*
» *trouve point à plaindre, qui n'entend pas qu'on*
» *la plaigne*, comme dit Veuillot dans une de ses
» descriptions. Après examen, ma tante a dé-
» claré que, les titres de chevalier et d'écuyer étant
» abolis, Adrien avait le droit de prendre la par-
» ticule sans choquer personne.

» Je me suis permis de dire que ce serait une
» faiblesse et ma tante m'a donné sur les doigts un
» coup de sa baguette hiérarchique.

» Voilà donc, ma chère, ma très-chère, où
» nous en sommes; la publication des bancs, le
» contrat de mariage doivent passer entre des mains
» tellement intéressées à chercher chicane que vous
» aurez probablement longtemps à attendre la lettre
» d'invitation pour la bénédiction nuptiale, si Adrien
» persiste à signer *de* Stalberg.

» Qui sait! la magistrature elle-même va peut-
» être se saisir de cette importante affaire, et quoi
» qu'on ne puisse exercer de pression sur ce corps

» respectable, il ne faudra pas moins de vingt ou
» trente amis pour obtenir une solution.

« Pendant toutes ces petites agitations qui, mises
» au bout les unes des autres, peuvent très-bien
» s'appeler les ennuis, les vexations du monde, vous
» continuerez votre vie si calme, Bénédicte, vous
» apprendrez à votre père cette science chrétienne
» qui est, dit saint Anselme, la foi cherchant l'in-
» telligence.

» Vous voyez que je sais aussi faire des citations
» quand je m'en mêle, ne désespérez donc pas de
» me retrouver très-sérieuse quand je serai madame
» Stalberg ou *de* Stalberg ; mais soyez sûre, bien
» sûre de me retrouver toujours votre toute dévouée
» et affectionnée.... »

Quand cette lettre parvint à Villefranche, Bénédicte tenait le livre des *Balances du bon Dieu* et le
lisait à son père.

Elle était arrivée au chapitre concernant les gens
insouciants qui refusent de pratiquer parce que,
disent-ils, leur vie toute de labeurs suffit pour les
faire absoudre.

Ces gens-là sont nombreux, ils pullulent. S'ils
connaissaient ce chapitre, ils verraient que les labeurs, les chagrins même acceptés dans l'ordre
temporel, ne méritent qu'une récompense tempo-
relle ; mais que, pour arriver à Dieu avec confiance,
il faut avoir souffert pour lui seul sans autre but que
de le satisfaire.

Christophe était surpris, mais ne contestait plus ; réfléchissait sérieusement à toutes choses.

Bénédicte fut interrompue dans cette lecture par le facteur qui apportait la lettre de Jeanne.

— Auriez-vous envie d'aller à Paris pour ce mariage, lui demanda Christophe en faisant un violent effort sur son égoïsme naturel ?

— Non, répondit-elle d'une voix ferme, je ne désire plus y retourner même pour quelques heures, mon bonheur est ici.

Bénédicte disait vrai. Aujourd'hui elle ne désire plus rien changer à son existence. Jésus-Christ couvre sa croix de tant de fleurs qu'elle la préfère à tous les trésors du monde. Elle est devenue la lumière de son père aveugle, l'œil de son esprit, elle le fait pénétrer avec elle dans les mystères de l'éternité.

« Pour s'élever à cette hauteur, dit le père Félix,
» il faut montrer à son front le sillon de la souffrance
» et le stigmate du sacrifice, ce complément de
» l'humaine beauté, ce je ne sais quoi d'achevé que
» nulle fille d'Eve ne peut porter sur un front où la
» douleur n'a pas gravé son signe.... »

Mais aussi, ajoutons-le, grâce à sa fille, Christophe commence à pouvoir lire dans les *Balances du bon Dieu* sans le secours de ses yeux éteints ; lui aussi devient heureux.

Il affirme même que le meilleur moyen de découvrir les lois divines sans les entourer de faux mirages, c'est de se placer dans l'ombre et de s'interroger le plus possible dans la retraite et le recueillement. S'il en est ainsi, nous avons tous en notre possesion les balances du bon Dieu, il suffit, pour les bien voir, de se servir des yeux de l'esprit éclairés par la foi.

Nous apprendrons alors que la vie d'abnégation même la plus vulgaire, que tous les renoncements à soi-même y sont considérés comme des actes d'héroïsme véritablement agréables au Seigneur.

FIN.

TABLE.

FIN DE LA TABLE

Nevers. — Typ. de P. BÉGAT.

Voici le compte-rendu qu'a donné de cet ouvrage la *Revue d'Avignon* :

« L'incrédule endurci, quittant la vie, purifié par le repentir, fortifié par la foi, animé par l'espérance ; le banquier, absorbé par la soif de l'argent, se convertissant au lit de mort ; le débauché, saisi de stupeur et de vertige, en voyant l'existence lui échapper ; le vagabond, l'avare, le colérique, tels sont les tableaux émouvants et pleins d'intérêt que ce livre met sous nos yeux. Nous le croyons appelé à faire quelque bien aux hommes si nombreux qui vivent aujourd'hui comme s'il n'y avait plus rien par-delà cette vie. (15 janvier 1861.)

Madeleine, récit d'Auvergne. Traduit de l'anglais, de Julia KAVANACH. 1 vol. in-12. *(Bibliothèque Saint-Germain.)* . . . . 2 fr. »

Les extraits suivants peuvent donner une idée de la manière dont cet ouvrage a été accueilli : « C'est une simple et bien touchante histoire que celle de Madeleine ; avec un grand charme de style et une rare délicatesse de sentiments, l'auteur a su lui donner des développements qui ont produit un récit des plus attachants, rempli d'un touchant intérêt et offrant d'utiles leçons... » *(Bibliographie catholique,* avril 1859.) — « Rien n'est plus simple que ce récit, mais rien n'est plus noble aussi ; car le drame n'y ressort que des plus généreux sentiments qui puissent agiter l'âme humaine... » *(Journal des demoiselles,* avril 1859.) — « Nous avons lu ce livre, nous avouons même que notre première intention était de le lire plus ou moins rapidement ; mais les premières pages de *Madeleine* ont fait attarder notre main prête à tourner un peu trop vivement les feuillets ; il y en a qui aiment la pâte hardie et les reflets saisissants de Rembrandt, d'autres préfèrent la suavité et le fini de Carlin Dolci et du Corrége. Ces derniers, s'il est vrai qu'il y ait une grande analogie entre les lettres et la peinture, liront avec bonheur *Madeleine...* » *(Réveil,* 29 janvier 1859.) — « C'est un heureux sujet que cette étude d'une jeune fille dégagée de tout ce qui lie au siècle, et qui a pris à la place l'amour de tous, céleste amour qu'elle a trouvé dans le cœur de Dieu. Le détail de la vie et de la mort de Madeleine est plein d'intérêt. » *(Univers,* 6 juin 1859.)

Méditations sur la vie de N.-S. Jésus-Christ, par SAINT BONAVENTURE, traduites par M. LEMAIRE-ESMANGARD, ancien élève de l'Ecole polytechnique, approuvées par Mgr l'évêque de Beauvais. Deuxième édition, augmentée des priè-

res de la messe et des vêpres, revue, corrigée et
précédée d'une notice sur la vie et les écrits de
saint Bonaventure, par M. l'abbé OZANAM, du dio-
cèse de Paris. 1 vol. in-18. . . . . . 2 fr. 50 c.

Les livres écrits par les saints portent avec eux une grâce
toute spéciale qui est le fruit naturel de l'union intime de leur
auteur avec Dieu. Sans donc nier le plus ou moins d'utilité des
autres œuvres ascétiques, nous croyons que c'est à celles-là
surtout que les fidèles doivent s'attacher. Peu de saints
ont creusé si avant que Bonaventure dans cette humanité
sacrée du Sauveur, où il a plu à Dieu de cacher tous les trésors de son infinie sagesse, et aucun, à coup sûr, n'en a écrit
avec plus d'onction et de feu. Le célèbre Gerson disait de lui :
« *Que de tous les docteurs catholiques, il était le plus propre
à éclairer l'esprit et à échauffer le cœur,* » et, de nos jours,
le savant cardinal Wiseman, appréciant en particulier ces *déli-
cieuses méditations* qui nous occupent, affirme « *qu'on ne sait
ce qu'on y doit le plus admirer, de la richesse d'imagination, de la douceur du sentiment ou de la variété des appli-
cations.* »

Plusieurs traductions de cet inestimable opuscule ont paru
déjà dans notre langue ; celle de *M. Lemaire-Esmangard*,
ancien élève de l'Ecole polytechnique, se recommande surtout
par ce style simple, naturel et vraiment ascétique qui le rendra
utile à tous. « Outre le mérite intrinsèque qui la caractérise,
par la précision avec laquelle elle rend le sens de l'original,
elle a, dit M. *l'abbé Ozanam*, un cachet particulier, celui
d'avoir été faite par un homme d'abord égaré loin de Dieu,
puis converti, et enfin rudement éprouvé par la perte complète de la vue. C'est après être devenu aveugle qu'il a accom-
pli ce travail, trouvant un singulier adoucissement à cette
triste position, dans la pensée de pouvoir se rendre encore utile à
ses frères. » Puisse ce livre des *méditations sur la vie de
Jésus-Christ* fixer comme il le mérite l'attention des fidèles ;
c'est un trésor qui n'a pas de prix, comme l'amour divin dont
il déborde.

Histoire de saint Vincent de Paul, tirée des
biographies les plus anciennes et les plus authen-
tiques, par le vicomte de BUSSIERRE, approuvée
par S. G. Mgr l'évêque d'Arras. Nouvelle édition,
revue et corrigée. 2 beaux vol. in-12. Prix, 4 fr.

Il n'est pas possible de lire une vie à la fois plus intéressante
et plus instructive, et l'on ne doit pas s'étonner de la parole

de l'illustre cardinal Viale Prela, qui, après avoir lu la biographie écrite par M. de Bussierre, disait que tout chrétien devrait avoir cet ouvrage entre les mains, afin de s'en pénétrer et de pratiquer les leçons qu'il renferme.

L'auteur est connu par de si excellents écrits qu'on peut se dispenser de faire l'éloge de cette histoire. Le succès qu'elle a obtenu dans une première édition, épuisée en très-peu de temps, en a d'ailleurs prouvé le mérite ; s'attachant plus particulièrement et surtout à raconter la vie édifiante et les actes de ce grand saint, M. de Bussierre a groupé dans son histoire de saint Vincent de Paul une multitude de faits et d'aperçus qui ont échappé aux autres biographes. Cette deuxième édition, revue et corrigée par l'auteur avec un soin tout particulier, ne laisse rien à désirer.

Histoire universelle de l'Église et des Papes, par M. l'abbé JORRY, membre correspondant de la Société académique de l'Oise. Nouvelle édition, revue, corrigée, entièrement refondue et augmentée des événements actuels jusqu'à nos jours. 1 très-fort vol. in-12, broché, 2 fr. 50 c.; cartonné, 2 fr. 75. Le même, un beau vol. in-8° de 500 pages, broché, 4 fr.

Un des traits caractéristiques de cet ouvrage est sa division par pontificats. L'histoire de l'Eglise étant l'histoire du développement de la société catholique, instituée par le Sauveur et gouvernée par les Papes, ses vicaires et ses représentants sur la terre, l'auteur a placé en tête de chaque période historique le nom du souverain Pontife qui y préside. Ce que tous les historiens profanes ont fait pour les rois de chaque époque, il l'a fait pour les Papes, chefs visibles de l'Eglise, centre d'autorité, source de tout pouvoir ecclésiastique, pontife suprême de la hiérarchie. C'était le seul moyen d'établir de l'unité dans l'ouvrage et de conserver à la papauté la place qui lui revient de droit dans l'histoire de l'Eglise. Ajoutons que cette édition nouvelle, *entièrement refondue par l'auteur,* a été enrichie par lui d'un chapitre supplémentaire qui résume les grands événements accomplis dans ces dernières années, de telle sorte que cette histoire de l'Eglise joint à ses autres avantages celui d'être, dans sa concision, la plus complète de toutes celles qui ont paru jusqu'à ce jour.

———

9 782019 223625